Impressum
Verlag: BABADADA GmbH, Nedderfeld 112 , 22529 Hamburg
Geschäftsführer / Verlagsleitung: Harald Hof
Druck: Books on Demand GmbH, In de Tarpen 42, 22848 Norderstedt

Imprint
Publisher: BABADADA GmbH, Nedderfeld 112 , 22529 Hamburg, Germany
Managing Director / Publishing direction: Harald Hof
Print: Books on Demand GmbH, In de Tarpen 42, 22848 Norderstedt

σχολείο

dugsi

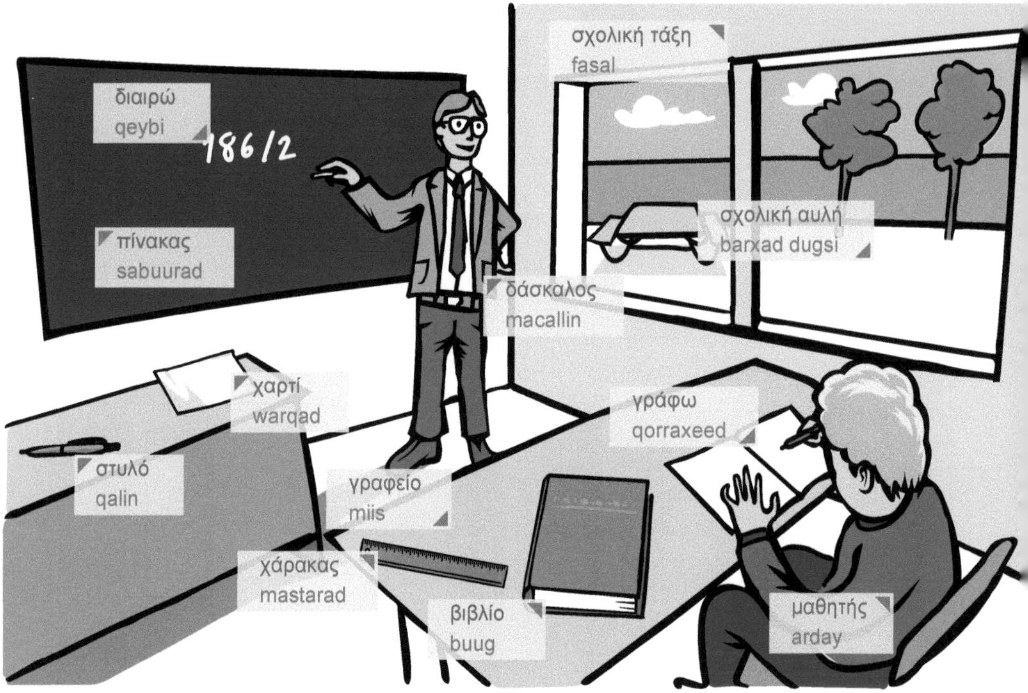

σχολική τάξη
fasal
διαιρώ
qeybi
186/2
πίνακας
sabuurad
σχολική αυλή
barxad dugsi
δάσκαλος
macallin
χαρτί
warqad
γράφω
qorraxeed
στυλό
qalin
γραφείο
miis
χάρακας
mastarad
βιβλίο
buug
μαθητής
arday

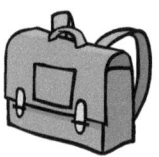

σχολική τσάντα

boorso

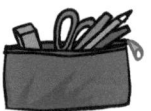

κασετίνα/ μολυβοθήκη

kiis qalin-qori

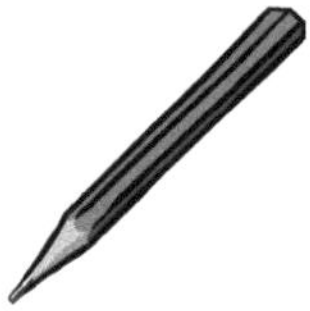

μολύβι

qalin-qori

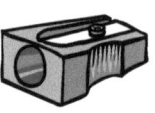

ξύστρα

koobka qalin qor

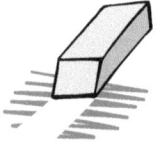

γόμα

titirre

μπλοκ ζωγραφικής

buugga sawirka

ζωγραφική

sawirid

πινέλο

burushka midabaynta

κουτί χρωμάτων

gasaca midabaynta

ψαλίδι

maqasyo

κόλλα

koollo

τετράδιο ασκήσεων

buug qoraal

εργασία για το σπίτι

shaqo-guri

12

αριθμός

lambar

2+2

προσθέτω

ku dar

5-2

αφαιρώ

ka jar

2×2

πολλαπλασιάζω

ku dhufo

υπολογίζω

xisaabi

A

γράμμα

warqad

ABCDEFG HIJKLMN OPQRSTU VWXYZ

αλφάβητο

alifbeeto

λέξη

erey

κείμενο
qoraal

διαβάζω
akhri

κιμωλία
jeesto

μάθημα
cahsar

εγγράφομαι
diiwaan

τεστ
imtixaan

πιστοποιητικό
shahaado

μαθητική στολή
direes dugsi

εκπαίδευση
waxbarasho

εγκυκλοπαίδεια
diwaan mowduuceed

πανεπιστήμιο
jaamacad

μικροσκόπιο
mayskariskoob

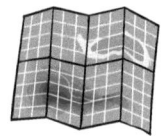

χάρτης
khariidad

καλάθι αχρήστων
haan qashin-gur

ταξίδι
safar

ξενοδοχείο
hoteel
Grand
ξενώνας
hoteel jiif-cunto
ROOMS
ανταλλακτήρια συναλλάγματος
xafiiska sarrifaka lacagaha
€CHANGE
βαλίτσα
shandad-dhar
αυτοκίνητο
baabuur

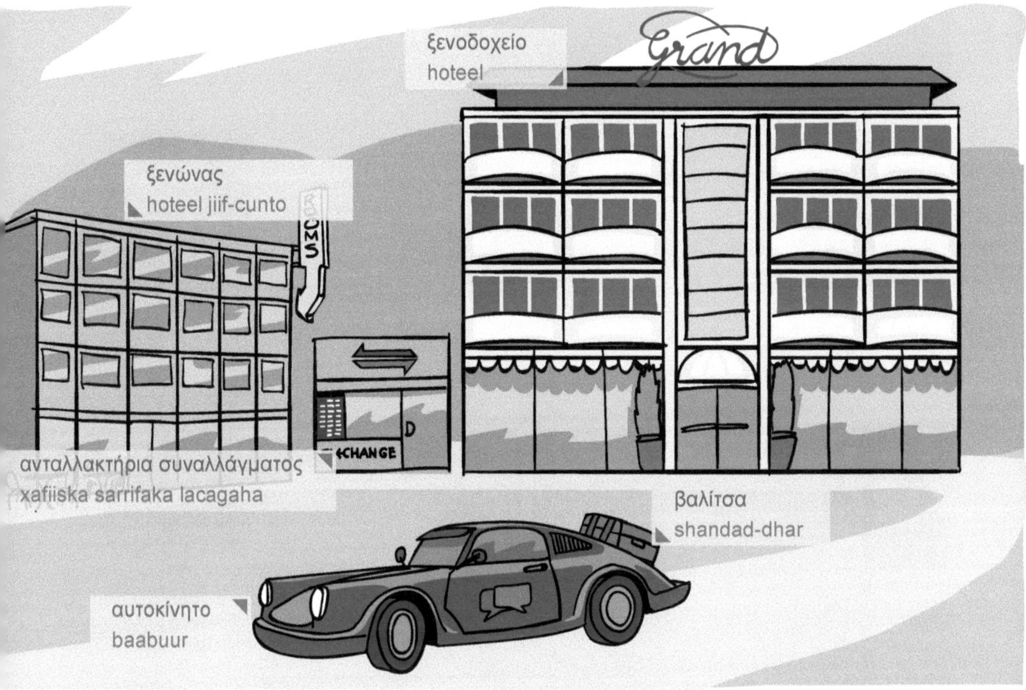

γλώσσα

luuqad

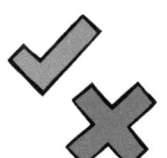

ναι / όχι

haa / maya

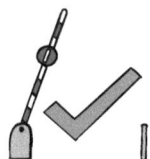

εντάξει

Hagaag

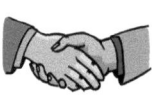

γεια σου

nabad miyaa

μεταφραστής

turjumaan

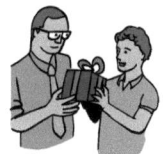

Ευχαριστώ

Waad mahadsan tahay

πόσο κάνει ;

waa immisa…?

Δε καταλαβαίνω

ma aanan fahamin

πρόβλημα

dhibaato

Καλησπέρα!

galab wanaagsan!

Καλημέρα!

subax wanaagsan!

Καληνύχτα!

habeen wanaagsan!

Αντίο

nabad gelyo

κατεύθυνση

jiho

αποσκευές

alaabo

τσάντα

boorso

σακίδιο πλάτης

boorso-dhabar

καλεσμένος

marti

δωμάτιο

qol

υπνόσακος

katiifad

σκηνή

teendho

τουριστικές πληροφορίες

xog dalxiis

παραλία

xeebta

πιστωτική κάρτα

kaar amaah

πρωινό

quraac

μεσημεριανό

qado

δείπνο

casho

εισιτήριο

rasiid

ανελκυστήρας

wiish

γραμματόσημο

tiimbare

σύνορα

xuduud

τελωνείο

qeybta-canshuur-bixinta

πρεσβεία

safaarad

βίζα

dal ku gal

διαβατήριο

baasaboor

μεταφορά
gaadiid

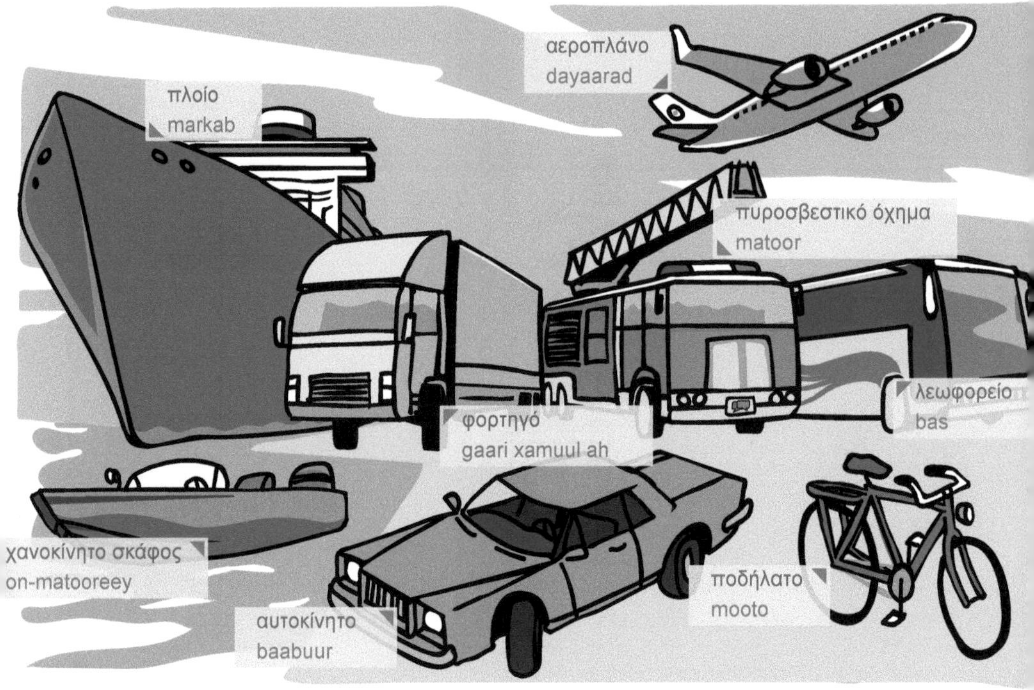
αεροπλάνο
dayaarad
πλοίο
markab
πυροσβεστικό όχημα
matoor
λεωφορείο
bas
φορτηγό
gaari xamuul ah
χανοκίνητο σκάφος
on-matooreey
ποδήλατο
mooto
αυτοκίνητο
baabuur

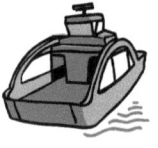

φεριμπότ
....
doon

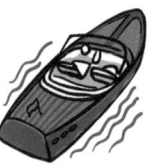

βάρκα
....
doonnida

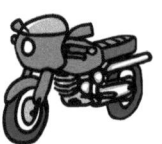

μοτοσικλέτα
....
mooto

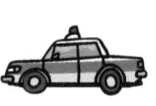

περιπολικό
....
baabuur booliis

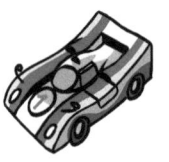

αγωνιστικό αυτοκίνητο
....
baabuur baratan

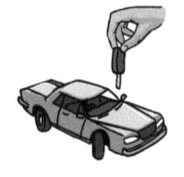

ενοικιαζόμενο αυτοκίνητο
....
baabuur la-kiraysto

διαμοιρασμός αυτοκινήτων

gaadiid-wadaag

γερανός

wiishle

απορριμματοφόρο

gaari qashin-gure

κινητήρας

matoor

καύσιμο

shidaal

βενζινάδικο

ajib

πινακίδα σήμανσης

calaamad taraafiko

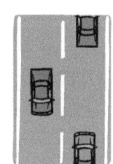

κυκλοφορία

taraafiko

κυκλοφοριακή συμφόρηση

jaam baabuur

χώρος στάθμευσης

baarkin-baabuur

σιδηροδρομικός σταθμός

boosteejo tareen

σιδηροδρομικές γραμμές

waddo-tareen

τρένο

tareen

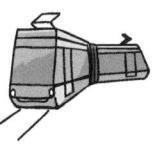

τραμ

taraam

βαγόνι

gaari faras

ελικόπτερο
helikobtar

αεροδρόμιο
garoonka dayuuradaha

πύργος
manaarad

επιβάτης
rakaab

εμπορευματοκιβώτιο
weel

χαρτοκιβώτιο
kartoon

καρότσι
gaari faras

καλάθι
dambiil

απογειώνομαι /
προσγειόνομαι
kicid / degis

πόλη
magaalo

χωριό
tuulo

κέντρο της πόλης
faras magaale

σπίτι
guri

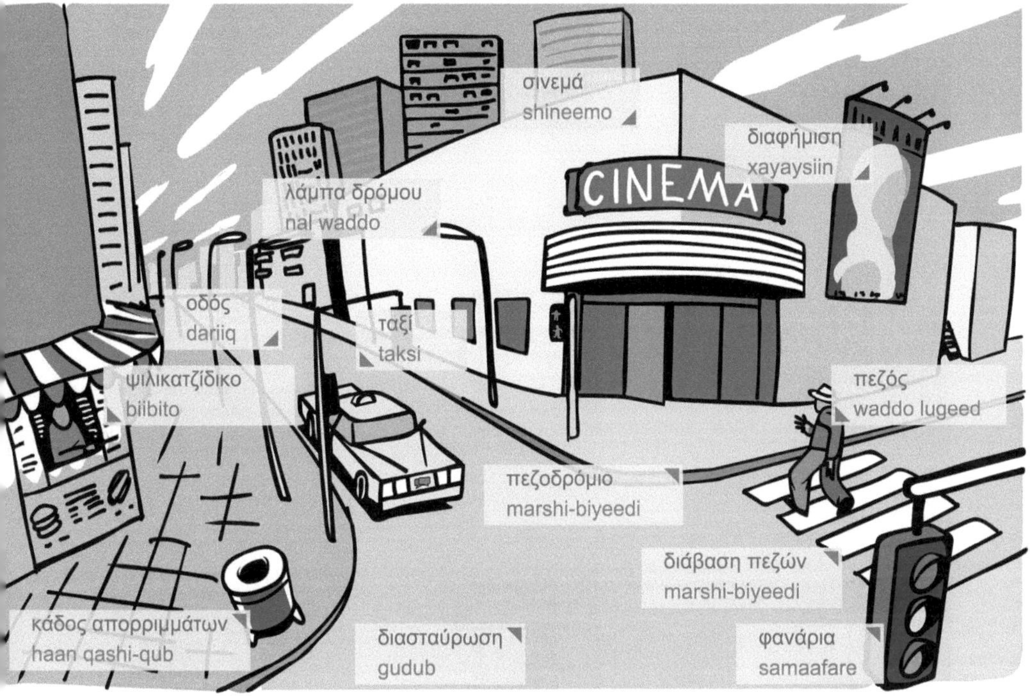

σινεμά
shineemo
διαφήμιση
xayaysiin
CINEMA
λάμπα δρόμου
nal waddo
οδός
dariiq
ταξί
taksi
ψιλικατζίδικο
biibito
πεζός
waddo lugeed
πεζοδρόμιο
marshi-biyeedi
διάβαση πεζών
marshi-biyeedi
κάδος απορριμμάτων
haan qashi-qub
διασταύρωση
gudub
φανάρια
samaafare

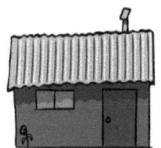

καλύβα

mundul

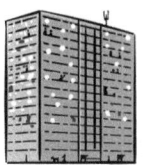

διαμέρισμα

dabaq

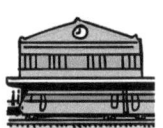

σιδηροδρομικός σταθμός

boosteejo tareen

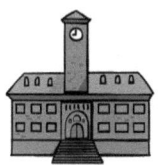

δημαρχείο

xarunta dowladda-hoose

MUSEUM

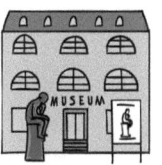

μουσείο

matxaf

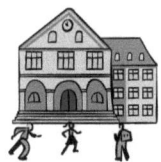

σχολείο

dugsi

πανεπιστήμιο

jaamacad

τράπεζα

bangi

νοσοκομείο

isbitaal

ξενοδοχείο

hoteel

φαρμακείο

farmasi

γραφείο

xafiis

βιβλιοπωλείο

buug shoob

κατάστημα

dukaan

ανθοπωλείο

dukaan ubax

σούπερ μάρκετ

carwo

αγορά

suuq

πολυκατάστημα

suuq weyne

ιχθυοπωλείο

kalluun-iibshe

εμπορικό κέντρο

suuq

λιμάνι

furdo

πάρκο
jardiino

παγκάκι
kursi

γέφυρα
buundo

σκάλες
jaraanjaro

μετρό
waddo-tareen-hoosaad

τούνελ
waddo-dhul hoose

στάση λεωφορείου
boosteejo

μπαρ
baar

εστιατόριο
makhaayad

γραμματοκιβώτιο
sanduuq boosto

πινακίδα δρόμου
calaamad waddo

παρκόμετρο
joogid-cabbire

ζωολογικός κήπος
beer-xayawaan

πισίνα
barkad dabbaalasho

τζαμί
masaajid

αγρόκτημα

beer

ρύπανση

naqas

νεκροταφείο

qabuuro

εκκλησία

kaniisad

παιδική χαρά

garoon

ναός

macbad

τοπίο
muqaal-dhireed

φύλλο
caleen

πινακίδα κατεύθυνσης
calaamad-waddo

δρόμος
waddo

λιβάδι
seere

πέτρα
dhagax

δέντρο
geed

πεζοπόρος
buur korre

ποτάμι
webi

χορτάρι
caws

λουλούδι
ubax

κοιλάδα

dooxo

λόφος

buur

λίμνη

laag

δάσος

kayn

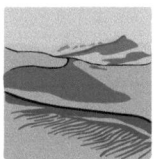

έρημος

saxare

ηφαίστειο

foolkaano

κάστρο

qasri

ουράνιο τόξο

qaanso-roobaad

μανιτάρι

barkin-waraabe

φοίνικας

geed timireed

κουνούπι

kaneeco

μύγα

duqsi

μυρμήγκι

qoraanjo

μέλισσα

shinni

αράχνη

caaro

τοπίο - muqaal-dhireed

σκαθάρι

dameer-duudeey

βάτραχος

rah

σκίουρος

dabagaalle

σκαντζόχοιρος

kashiito

λαγός

dabagaalle

κουκουβάγια

guumeys

πουλί

shimbir

κύκνος

boolo-boolo

αγριογούρουνο

doofaar-jilibeey

ελάφι

deero

άλκη

faras-duur

φράγμα

biyo-xireen

ανεμογεννήτρια

tamar-dhaliye

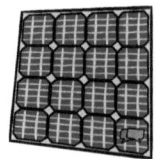

ηλιακός συλλέκτης

soollar

κλίμα

cimilo

εστιατόριο
makhaayad

σερβιτόρος
kabalyeeri
κατάλογος
warqad qiimo
καρέκλα
kursi
σούπα
maraq
πίτσα
biise
τραπεζομάντιλο
maro-miis
μαχαιροπίρουνα
alaab

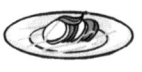

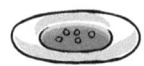

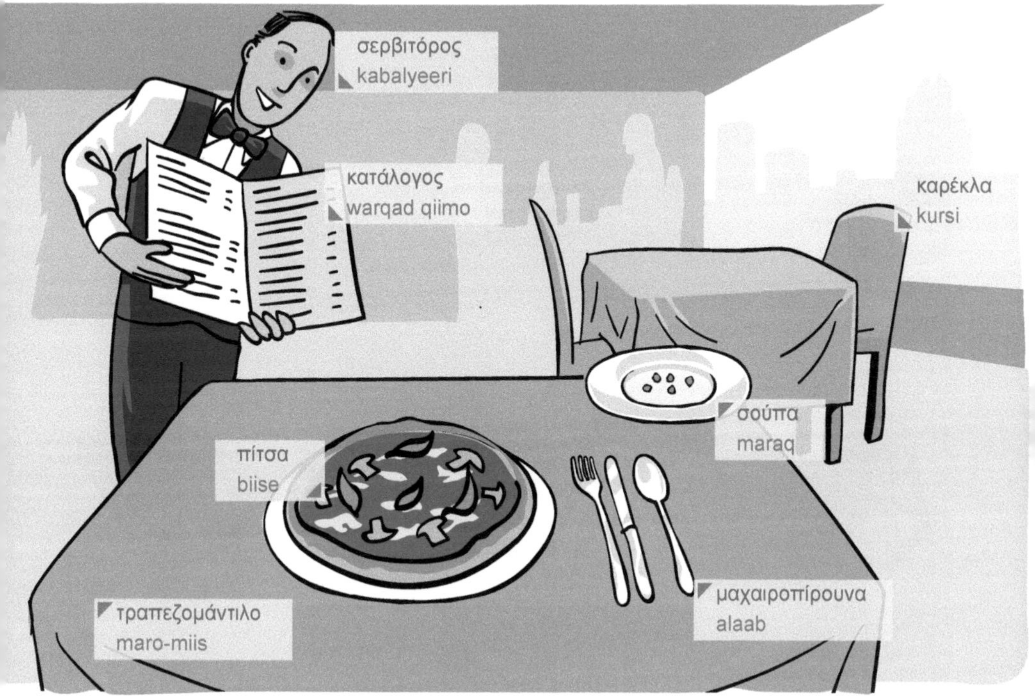

ορεκτικό

af-billow

κύριο πιάτο

cunto bariimo

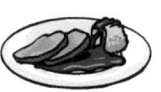

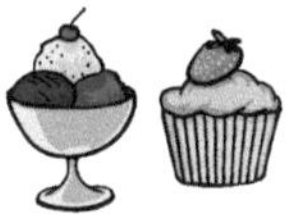

επιδόρπιο

macmacaan

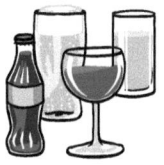

ποτά

cabitaan

φαγητό

cunto

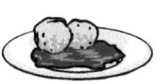

μπουκάλι

dhalo

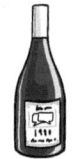

φαστ φουντ

cunto diyaarsan

φαγητό στ' όρθιο

cunto-waddo

τσαγιέρα

jalmad shaah

δοχείο ζάχαρης

weelka sonkorta

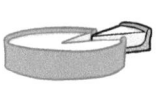

μερίδα

qayb

μηχανή εσπρέσο

mashiinka isbareesada

ψηλή καρέκλα

kursi dheer

λογαριασμός

biil

δίσκος

tereey

μαχαίρι

mindi

πιρούνι

fargeeto

κουτάλι

qaaddo

κουταλάκι του τσαγιού

malqacad-shaah

πετσέτα φαγητού

shukumaan miis

ποτήρι

galaas

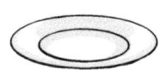

πιάτο
saxan

πιάτο σούπας
saxanka maraqa

πιατάκι φλιτζανιού
saxan

σάλτσα
suugo

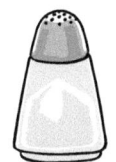

αλατιέρα
weelka cusbada

μύλος για πιπέρι
basbaas shiide

ξύδι
fixiye

λάδι
saliid

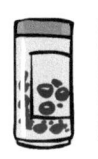

μπαχαρικά
dhandhanaan

κέτσαπ
suugo

μουστάρδα
mastaard

μαγιονέζα
mayoonees

σούπερ μάρκετ

carwo

προσφορά
qiima dhimis qaas ah
FOR
πελάτης
macmiil
γαλακτοκομικά προϊόντα
caano
φρούτα
miro
καρότσι για ψώνια
gaariga adeega

BUTCHERS

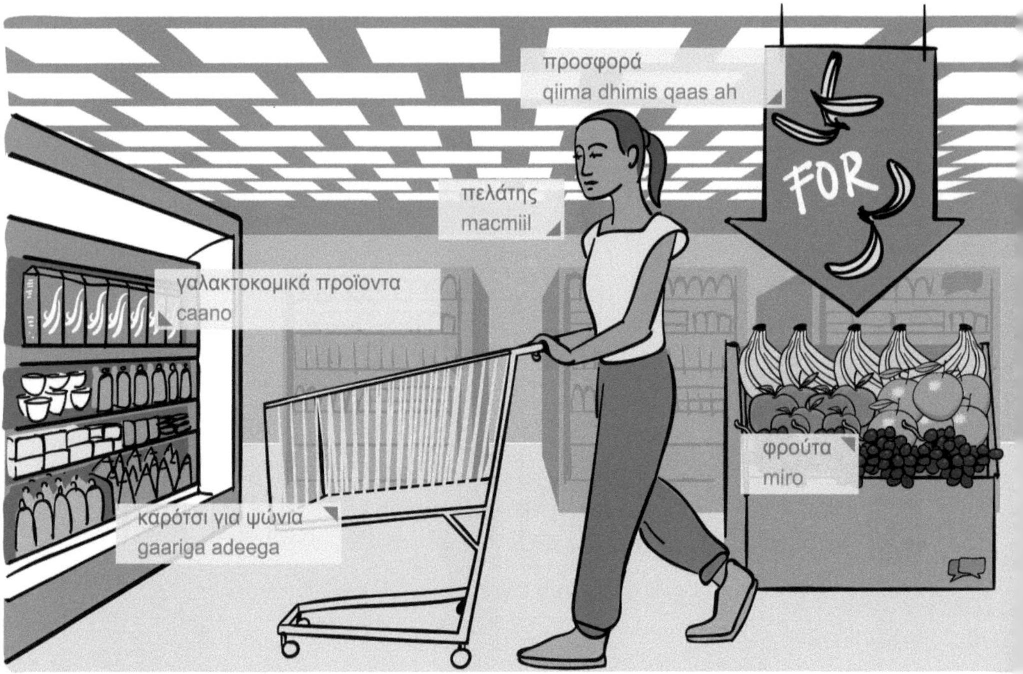

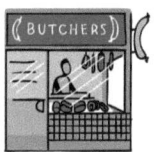

κρεοπωλείο

kawaan

BAKERY

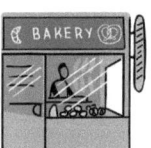

φούρνος

foorno

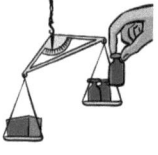

ζυγίζω

cabbir

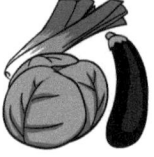

λαχανικά

khudaar

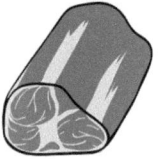

κρέας

hilib

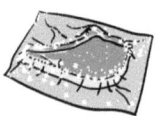

κατεψυγμένα τρόφιμα

cunto la qaboojiyay

αλλαντικά

hilibka qadada

κονσερβοποιημένη τροφή

cunto gasacadeysan

απορρυπαντικό ρούχων

oomo

γλυκά

macmacaan

οικιακά είδη

alaabada guri

καθαριστικά προϊόντα

alaabo nadaafad

πωλήτρια

iibshe

ταμείο

diiwaan lacagta

ταμίας

qasnaji

λίστα για ψώνια

liis adeeg

ωράριο λειτουργίας

saacadaha shaqo

πορτοφόλι

shandada jeebka

πιστωτική κάρτα

kaar amaah

τσάντα

bac

πλαστική σακούλα

bac

νερό

biyo

χυμός

casiir

γάλα

caano

κόκα κόλα

kooka-kola

κρασί

khamri

μπίρα

biir

αλκοόλ

khamri

κακάο

kooke

τσάι

shaah

καφές

kafee

εσπρέσο

isberesso

καπουτσίνο

koobishiin

μπανάνα

muus

μήλο

tufaax

πορτοκάλι

liin-bambeelmo

πεπόνι

qare

λεμόνι

liin

καρότο

karooto

σκόρδο

toon

μπαμπού

baambuu

κρεμμύδι

basal

μανιτάρι

barkin-waraabe

ξηροί καρποί

loos

νουντλς

baasto

μακαρόνια

baasto

ρύζι

bariis

σαλάτα

salar

πατατάκια

jibsi

τηγανητές πατάτες

baradho shiilan

πίτσα

biise

χάμπουργκερ

haambeegar

σάντουιτς

saanwij

κοτολέτα

hilib-jiir

ζαμπόν

hilib-doofaar

σαλάμι

salami

λουκάνικο

sooseej

κοτόπουλο

hilib-digaag

ψητό

duban

ψάρι

kalluun

χυλός βρώμης

sareenta mashaarida

μούσλι

quraac isku-dhafan

κορν φλέικς

daango

αλεύρι

bur

κρουασάν

nooc rooti ah

ψωμάκι

rooti

ψωμί

rooti

τοστ

rooti-la-kulluleeyey

μπισκότα

buskud

βούτυρο

subag

τυρόπηγμα

hanti

κέικ

doolsho

αυγό

ukun

τηγανητό αυγό

ukun shiilan

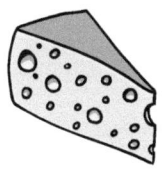

τυρί

burcad

παγωτό

jalaato

ζάχαρη

sonkor

μέλι

malab

μαρμελάδα

malmalaado

άλλειμμα σοκολάτας

labeen macmacaan

κάρυ

suugo

αγρόκτημα
beer

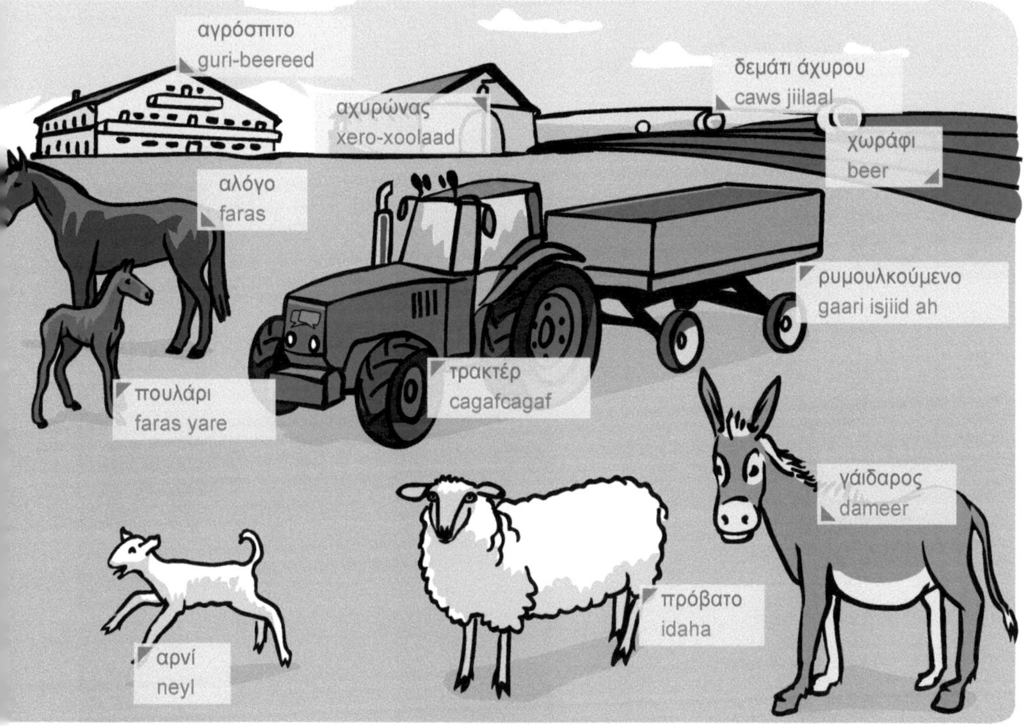
αγρόσπιτο
guri-beereed
αχυρώνας
xero-xoolaad
δεμάτι άχυρου
caws jiilaal
χωράφι
beer
αλόγο
faras
ρυμουλκούμενο
gaari isjiid ah
πουλάρι
faras yare
τρακτέρ
cagafcagaf
γάιδαρος
dameer
πρόβατο
idaha
αρνί
neyl

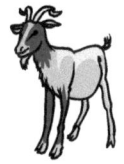

κατσίκα

ri'

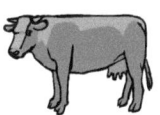

αγελάδα

sac

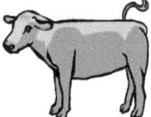

μοσχαράκι

weyl

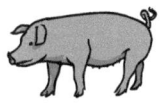

γουρούνι

doofaar

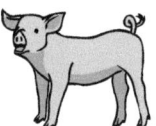

γουρουνάκι

dhal doofaar

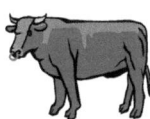

ταύρος

dibi

χήνα

bawaato lab

πάπια

bawaato

κοτοπουλάκι

jiijiile

κότα

digaag

κόκορας

diiq

αρουραίος

doolli

γάτα

bisad

ποντίκι

jiir

βόδι

dibi

σκύλος

eey

σπιτάκι σκύλου

hoyga eeyga

λάστιχο κήπου

tuubbo waraab

ποτιστήρι

sakeelka waraabinta

θεριστήρι

gudin

αλέτρι

carro-roge

δρεπάνι
gudin

τσάπα
yaambo

δίκρανο
fargeeto caws-beereed

τσεκούρι
faas

χειράμαξα
gaari -gacan

ταΐστρα
dar

δοχείο γάλακτος
dhalada caanaha

σάκος
jawaan

φράχτης
deer

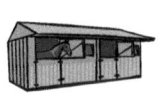

στάβλος
xero xooleed

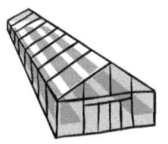

θερμοκήπιο
gur-biqlin-dhireed

έδαφος
ciidda

σπόρος
abuuka

λίπασμα
bacrimiye

θεριζοαλωνιστική μηχανή
cagafta beer-goynta

θερίζω
beer-goyn

συγκομιδή
beer-gooyn

γιαμς
moxog

σιτάρι
sarreen

σόγια
soya

πατάτα
baradho

καλαμπόκι
galley

κράμβη
geed-saliideed

οπωροφόρο δέντρο
geed mirood

μανιόκα
moxog

δημητριακά
firiley

σπίτι

guri

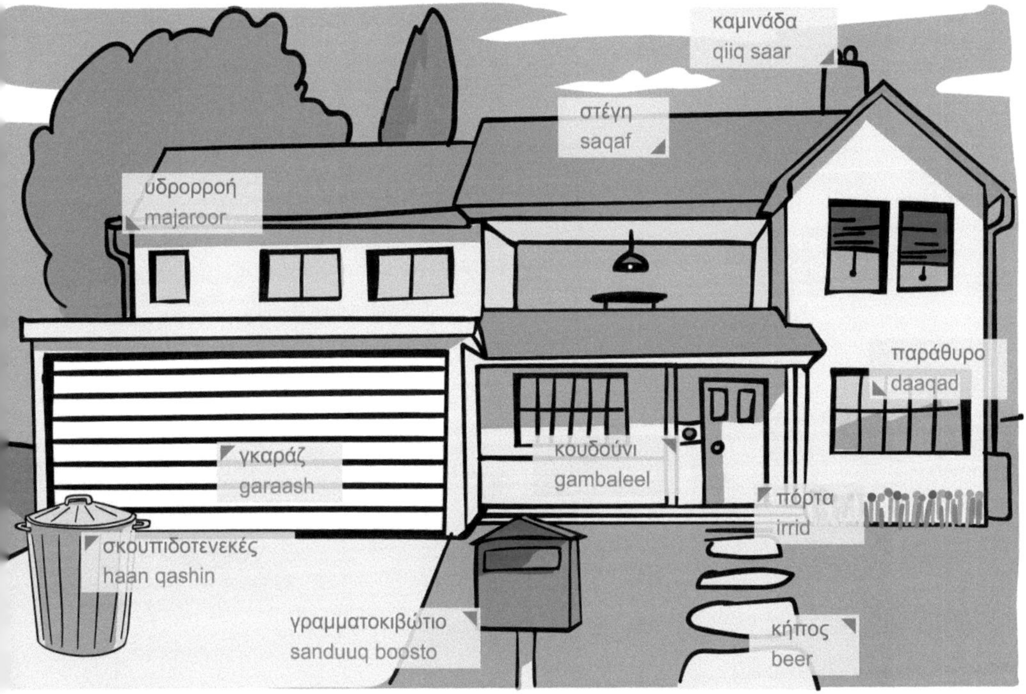
καμινάδα
qiiq saar
στέγη
saqaf
υδρορροή
majaroor
παράθυρο
daaqad
γκαράζ
garaash
κουδούνι
gambaleel
πόρτα
irrid
σκουπιδοτενεκές
haan qashin
γραμματοκιβώτιο
sanduuq boosto
κήπος
beer

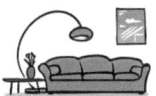

σαλόνι

qol jiib

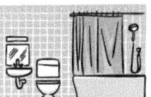

μπάνιο

musqul-qubeys

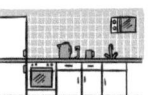

κουζίνα

jiko

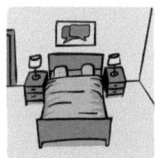

υπνοδωμάτιο

qolka jiifka

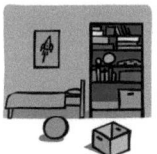

παιδικό δωμάτιο

qolka ilmaha

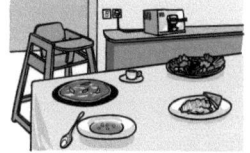

τραπεζαρία

qolka cuntada

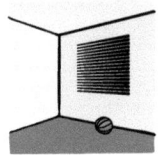

πάτωμα
sagxad

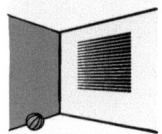

τοίχος
derbi

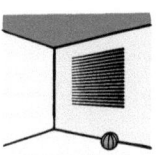

οροφή
saqaf

κελάρι
makhaasiin

σάουνα
soona

μπαλκόνι
balakoon

βεράντα
daarad

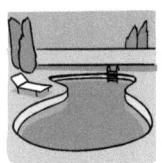

πισίνα
barkad

μηχανή του γκαζόν
caws-jare

σεντόνι
buste

κάλυμμα κρεβατιού
go'

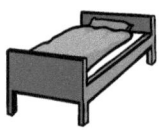

κρεβάτι
sariir

σκούπα
xaaqin

κουβάς
baaldi

διακόπτης
daare-damiye

σαλόνι
qol jiib

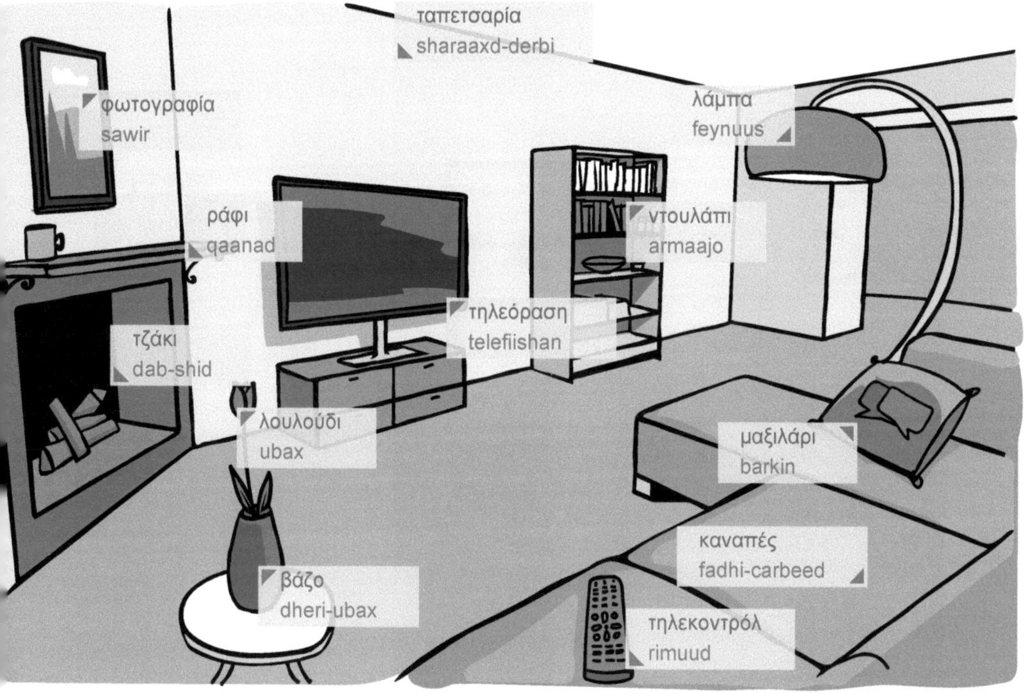

ταπετσαρία
sharaaxd-derbi
φωτογραφία
sawir
λάμπα
feynuus
ράφι
qaanad
ντουλάπι
armaajo
τηλεόραση
telefiishan
τζάκι
dab-shid
λουλούδι
ubax
μαξιλάρι
barkin
καναπές
fadhi-carbeed
βάζο
dheri-ubax
τηλεκοντρόλ
rimuud

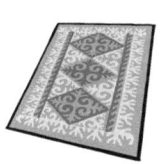

χαλί

roog

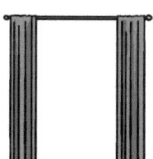

κουρτίνα

daah

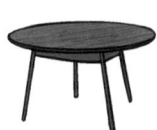

τραπέζι

miis

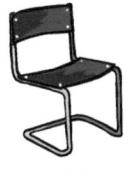

καρέκλα

kursi

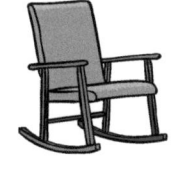

κουνιστή πολυθρόνα

kursi wareega

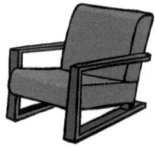

πολυθρόνα

kursi fadhi

βιβλίο
buug

κουβέρτα
buste

διακόσμηση
qurxin

καυσόξυλα
xaabo

ταινία
filin

στερεοφωνικό σύστημα
cod-baahiye

κλειδί
fure

εφημερίδα
wargeys

πίνακας ζωγραφικής
rinjiyeyn

αφίσα
tabeelo

ραδιόφωνο
raadiye

σημειωματάριο
xusuus-qor

ηλεκτρική σκούπα
huufar

κάκτος
tiitiin

κερί
shumac

κουζίνα
jiko

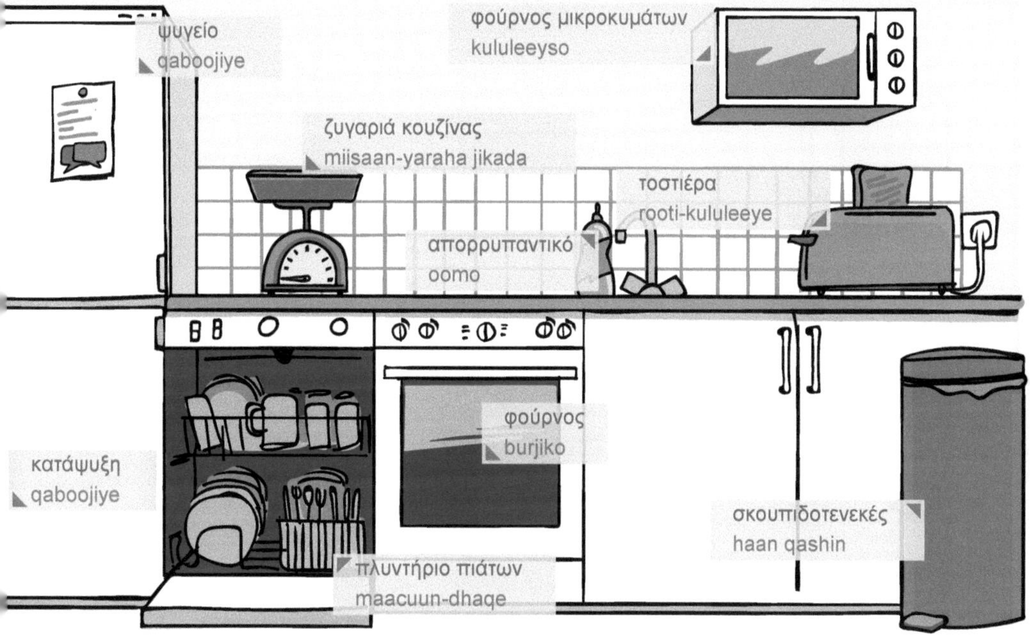

ψυγείο
qaboojiye
φούρνος μικροκυμάτων
kululeeyso
ζυγαριά κουζίνας
miisaan-yaraha jikada
τοστιέρα
rooti-kululeeye
απορρυπαντικό
oomo
φούρνος
burjiko
κατάψυξη
qaboojiye
σκουπιδοτενεκές
haan qashin
πλυντήριο πιάτων
maacuun-dhaqe

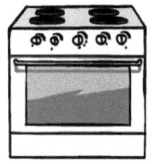

κουζίνα
kuuker

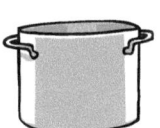

κατσαρόλα
dheri

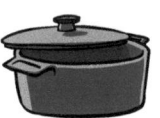

μαντεμένια κατσαρόλα
birtaawo

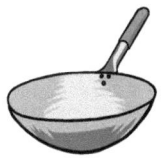

γουόκ/καντάι
birtaawo

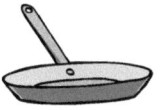

τηγάνι
birtaawo

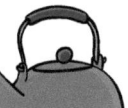

βραστήρας
kirli

ατμομάγειρας

uumiye

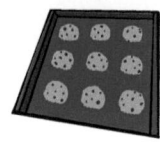

ταψί

saxaarad dubista

πιατικά

maacuun

κούπα

bakeeri

μπολ

baaquli

ξυλάκια

qoryo wax lagu cuno

κουτάλα

malqacad

σπάτουλα

qaado

ανακατεύω

folow

σουρωτήρι

miire

σουρωτηράκι

shashaq

τρίφτης

qudaar-jare

γουδί

mooye

ψησταριά

hilib-sol

ανοιχτή φωτιά

dab

σανίδα κοπής
alwaaxa wax-jar-jarka

πλάστης
ul jabaati

ανοιχτήρι φελλών
guf-saare

κονσέρβα
gasac

ανοιχτήρι κονσέρβας
gasac-fure

γάντι φούρνου
istaraasho-jiko

νεροχύτης
saxanka-alaab-dhaqa

βούρτσα
caday

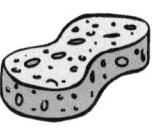

σφουγγάρι
isbuunyo

μπλέντερ
shiide

καταψύκτης
qaabojin qoto-dheer

μπιμπερό
masaasad

βρύση
tuubbo

μπάνιο
musqul-qubeys

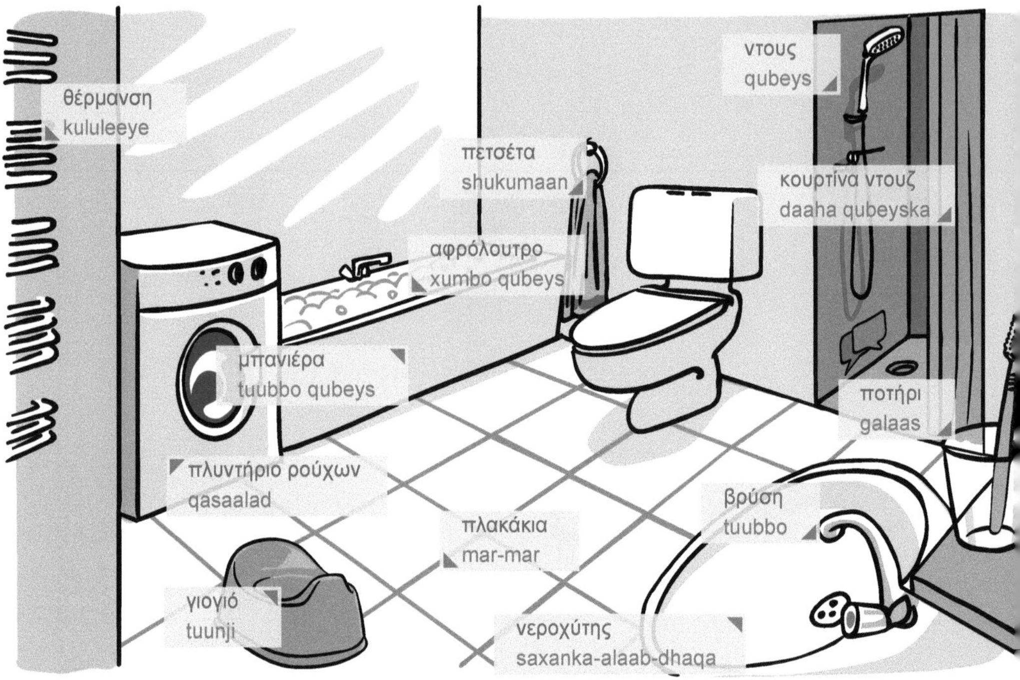
θέρμανση
kululeeye
ντους
qubeys
πετσέτα
shukumaan
κουρτίνα ντουζ
daaha qubeyska
αφρόλουτρο
xumbo qubeys
μπανιέρα
tuubbo qubeys
ποτήρι
galaas
πλυντήριο ρούχων
qasaalad
βρύση
tuubbo
πλακάκια
mar-mar
γιογιό
tuunji
νεροχύτης
saxanka-alaab-dhaqa

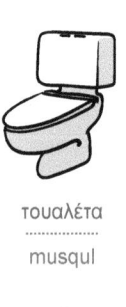

τουαλέτα

musqul

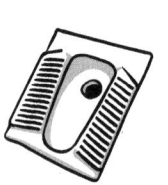

τούρκικη τουαλέτα

musqusha fadhiga

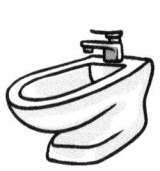

μπιντές

siin

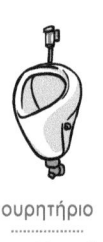

ουρητήριο

weel kaadi

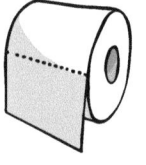

χαρτί υγείας

tiish musqul

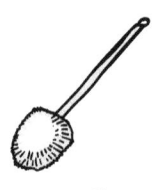

πιγκάλ

burushka musqusha

οδοντόβουρτσα

caday

οδοντόκρεμα

daawo caday

οδοντικό νήμα

dunta ilka farashada

πλένω

dhaq

τηλέφωνο ντους

gacan qubeys

ντουσιέρα

tuubo-musqul

λεκάνη

beeshin

βούρτσα πλάτης

burush-qubeys

σαπούνι

saabuun

αφρόλουτρο

shaambo

σαμπουάν

shaambo

φανέλα

cago-saar

σιφόνι

biyo-saare

κρέμα

kareem

αποσμητικό

carfiso

καθρέφτης
muraayad

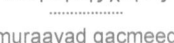

καθρέφτης χειρός
muraayad gacmeed

ξυραφάκι
sakiin

αφρός ξυρίσματος
xumbada xiirashada

αφτερσέιβ
daawo gar-xiir

χτένα
shanlo

βούρτσα
burush

σεσουάρ
fooneeye

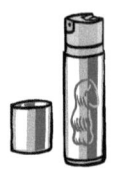

λακ
timo-buufis

μακιγιάζ
waji-qurxiye

κραγιόν
rooseeto

βερνίκι νυχιών
cidiyo-nadiifiye

βαμβάκι
dun

ψαλίδι νυχιών
cidiyo-jar

άρωμα
baarafuun

40   μπάνιο - musqul-qubeys

νεσεσέρ

boorso-wajidhaq

σκαμπό

saxaro

ζυγαριά

miisaan culays

μπουρνούζι

dhar-qubeys

ελαστικά γάντια

gacma gashi cinjir

ταμπόν

tambooni

πετσέτα υγιεινής

tiimshe

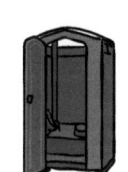

χημική τουαλέτα

musqul kiimiko

παιδικό δωμάτιο

qolka ilmaha

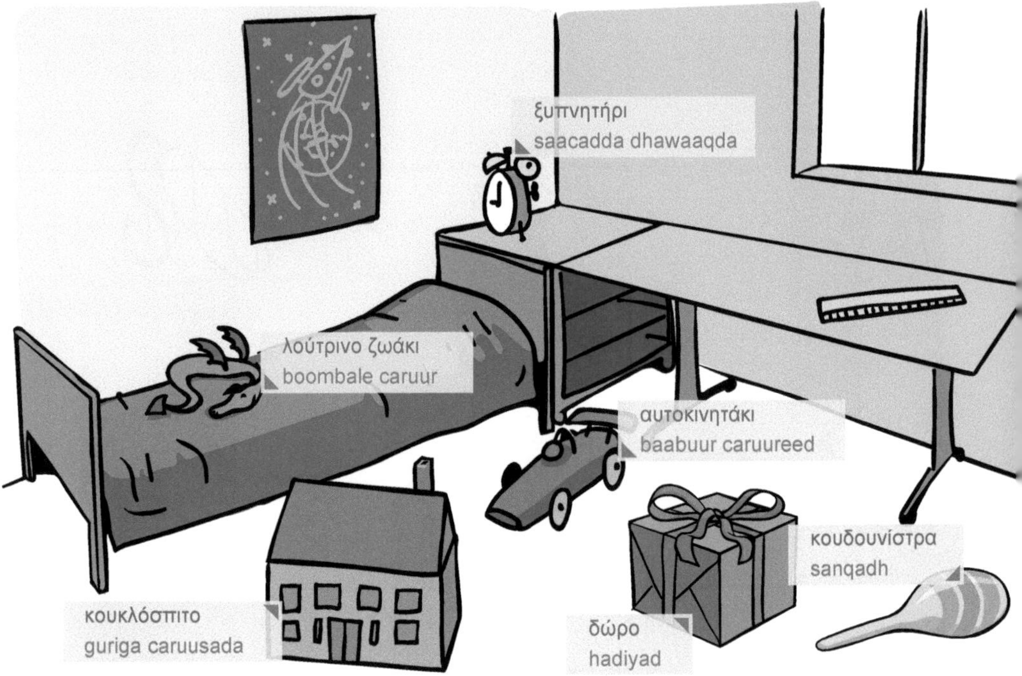
ξυπνητήρι
saacadda dhawaaqda
λούτρινο ζωάκι
boombale caruur
αυτοκινητάκι
baabuur caruureed
κουδουνίστρα
sanqadh
κουκλόσπιτο
guriga caruusada
δώρο
hadiyad

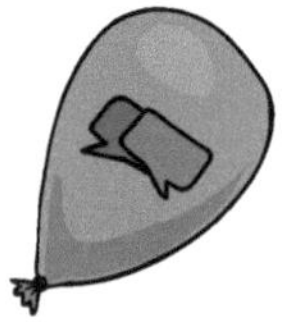

μπαλόνι

buufin

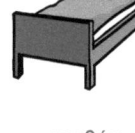

κρεβάτι

sariir

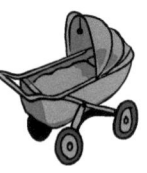

καροτσάκι

gaariga caruurta

τράπουλα

turub

παζλ

miinshaar

SUPER
MEGA

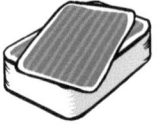

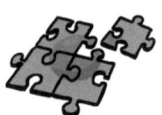

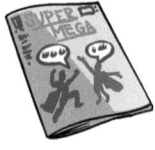

κόμικς

maad

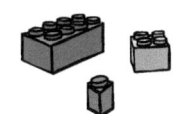

τουβλάκια lego

bulkeeti boombale ah

τουβλάκια κατασκευών

tooy

φιγούρα δράσης

sanam

βρεφικό φορμάκι

isku-jooga dhallaanka

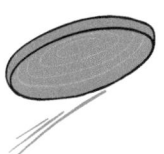

φρίσμπι

aalad cayaar

μόμπιλο

moobaayl

επιτραπέζιο παιχνίδι

khamaar

ζάρια

laadhuu

σετ τρενάκι

moodo tareen

πιπίλα

boombale

πάρτι

xaflad

εικονογραφημένο βιβλίο

buug sawirro

μπάλα

kubbad

κούκλα

boombale

παίζω

cayaar

σκάμμα με άμμο

dhoobo-dhoobeey

κούνια

wiifoow

παιχνίδια

alaab-alaabeey

κονσόλα βιντεοπαιχνιδιών

geemka gacanta laga hago

τρίκυκλο

baaskiil

αρκουδάκι

boombale

ντουλάπα

armaajo dhar

ρούχα
dhar

κάλτσες

sigisaan

καλτσοδέτες

sigsaan haween

καλσόν

surwaal-dhuuqsan

κασκόλ
masar

ομπρέλα
dallad

μπλουζάκι
funaanad

ζώνη
suun

μπότες
kabo buud

παντόφλες
dacas

αθλητικά παπούτσια
kabo tababar

σανδάλια
saandalo

παπούτσια
kabo

γαλότσες
kabo roob

εσώρουχο
hoos-gashi

σουτιέν
rajabeeto

φανέλα
garan

ρούχα - dhar

45

σώμα
jir

παντελόνι
surwaal

τζιν παντελόνι
surwaal jeenis

φούστα
goono

μπλούζα
canbuur

πουκάμισο
shaati

πουλόβερ
funaanad-dhaxameed

πουλόβερ
garan dhaxameed

σακάκι
jaakad fudud

μπουφάν
jaakad

παλτό
koodh

αδιάβροχο πανωφόρι
koodhka roobka

κοστούμι
dhar-munaasabadeed

φόρεμα
labbis

νυφικό
lebbis aroos

κοστούμι
suut

νυχτικό
dhar-hurdo

πιτζάμες
bajaamo

σάρι
saari

μαντήλι
masar

τουρμπάνι
cimaamad

μπούρκα
cabaayad

καφτάνι
saako

μουσουλμανικό ένδυμα
cabaayad

ολόσωμο μαγιό
dharka-dabaasha

ανδρικό μαγιό
dabo-gaabyo

σορτς
surwaal-dabagaab

αθλητική φόρμα
taraak-suut

ποδιά
dufan-dhowr

γάντια
gacmo gashi

κουμπί

galluus

γυαλιά

ookiyaale

βραχιόλι

jijin

περιδέραιο

silis

δαχτυλίδι

faraati

σκουλαρίκι

dhego dhego

καπέλο

koofiyo

κρεμάστρα

katabaan

καπέλο

koofiyad

γραβάτα

garabaati

φερμουάρ

jiinyeer

κράνος

helmed

τιράντες

ilko-reeb

μαθητική στολή

direes dugsi

στολή

direes

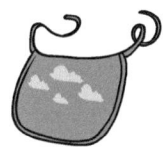

σαλιάρα

cayo-dhowr

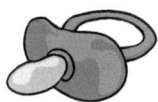

πιπίλα

boombale

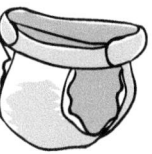

πάνα

maro-dufeed

γραφείο

xafiis

σέρβερ
khad-bixiye
αρχειοθήκη
armaajo feylal
εκτυπωτής
daabace
χαρτί
warqad
οθόνη
shaashad
γραφείο
miis
ποντίκι
hage kombuyuutar
ντοσιέ
gal
πληκτρολόγιο
teeb-kombuyuutar
καλάθι αχρήστων
haan qashin-gur
υπολογιστής
kombuyuutar
καρέκλα
kursi

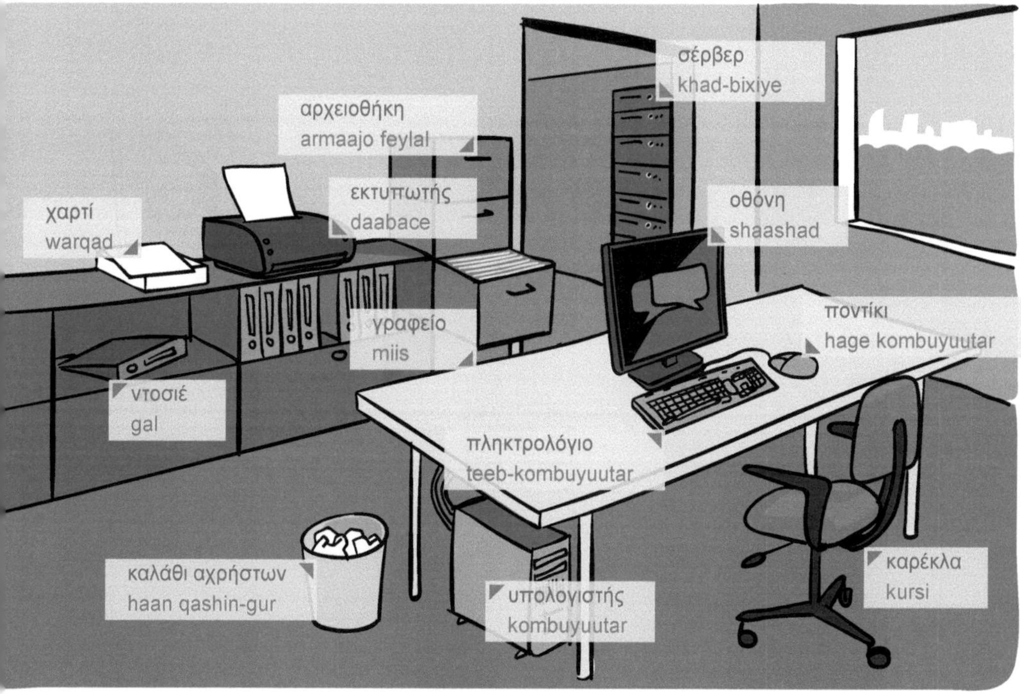

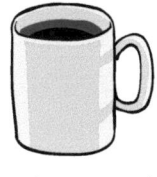

κούπα του καφέ

koob kafee

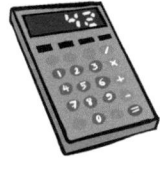

κομπιουτεράκι

kalkuleytar/xisaabiye

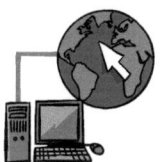

ίντερνετ

internet

λάπτοπ

laabtoob

γράμμα

bakhshad

μήνυμα

fariin

κινητό

moobaayl

δίκτυο

shabakad-kombuyuutar

φωτοτυπικό μηχάνημα

footokoobi

λογισμικό

barnaamij-kombuyuutar

τηλέφωνο

telefoon

πρίζα

god koronto

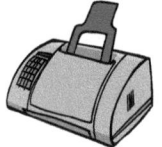

συσκευή φαξ

mishiinkan fax-ka

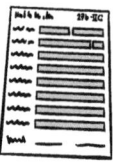

έντυπο

foomka

έγγραφο

dokumenti

αγοράζω

iibso

πληρώνω

bixi

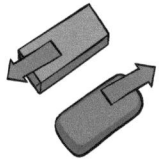

συναλλάσσομαι

ganacso

χρήματα

lacag

δολάριο

doollar

ευρώ

yuuro

γιεν

yenka jabbaan

ρούβλι

robolka ruushka

ελβετικό φράγκο

Franka iswiiska

ρενμίνμπι γιουάν

lacagta shiinaha

ρουπία

rubiyada hindiga

ATM (αυτόματη ταμειακή μηχανή)

maqal

ανταλλακτήρια
συναλλάγματος

xafiiska sarrifaka lacagaha

χρυσός

dahab

ασήμι

qalin

πετρέλαιο

shidaal

ενέργεια

tamar

τιμή

qiime

συμβόλαιο

qandaraas

φόρος

canshuur

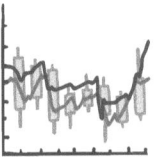

μετοχή

raasumaal

δουλεύω

shaqee

υπάλληλος

shaqaale

εργοδότης

shaqaaleysiiye

εργοστάσιο

warshad

κατάστημα

dukaan

επαγγέλματα
shaqooyin

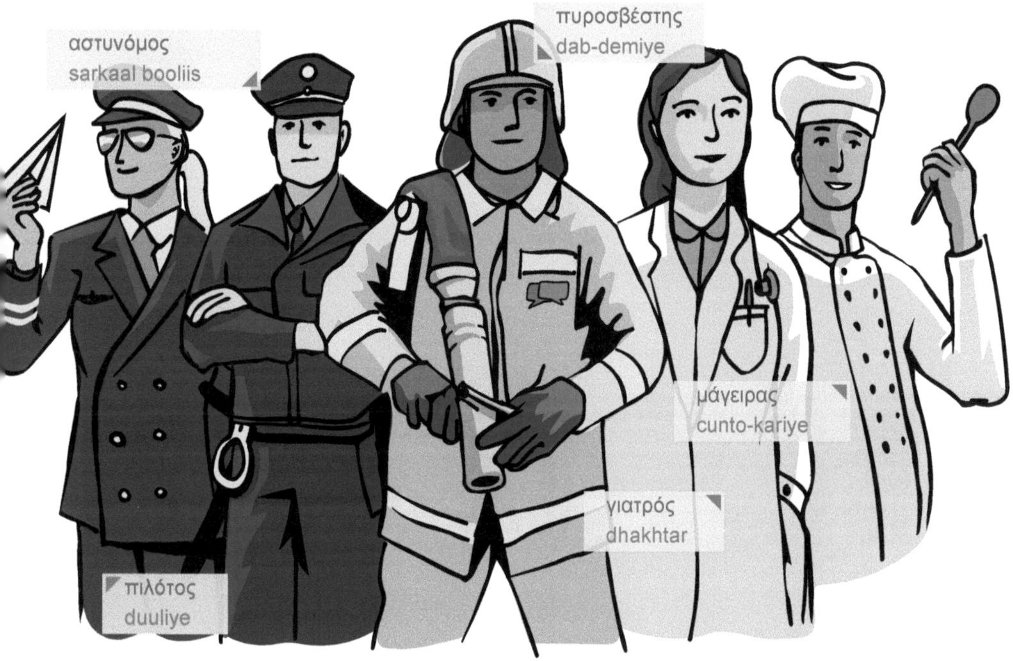
αστυνόμος
sarkaal booliis
πυροσβέστης
dab-demiye
μάγειρας
cunto-kariye
γιατρός
dhakhtar
πιλότος
duuliye

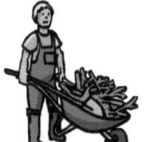

κηπουρός

beeralley

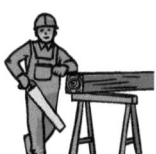

ξυλουργός

nijaar

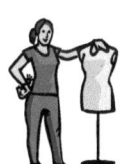

μοδίστρα

timo-qurxiso

δικαστής

qaaddi

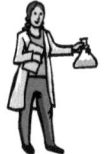

χημικός

farmashiiste

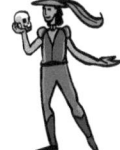

ηθοποιός

jile

οδηγός λεωφορείου

darawal bas

ταξιτζής

taksiile

ψαράς

kalluumeyste

καθαρίστρια

nadiifiso

τεχνίτης στεγών

saqaf-dhise

σερβιτόρος

kabalyeeri

κυνηγός

ugaarsade

ζωγράφος

rinjiile

αρτοποιός

rooti-dube

ηλεκτρολόγος

koronto-yaqaan

οικοδόμος

dhise

μηχανολόγος

injineer

κρεοπώλης

kawaanle

υδραυλικός

tuubbiiste

ταχυδρόμος

boostaale

στρατιώτης

askari

αρχιτέκτονας

injineer-dhismo

ταμίας

qasnaji

ανθοπώλης

ubax-yaqaan

κομμωτής

timo-jare

ελεγκτής εισιτηρίων

kiro-uruuriye

μηχανικός

makaanik

καπετάνιος

kabtan

οδοντίατρος

dhakhtar-ilko

επιστήμονας

saaynisyahan

ραβίνος

wadaad yahuud

ιμάμης

imaam

μοναχός

xerow

ιερέας

wadaad

εργαλεία
qalab

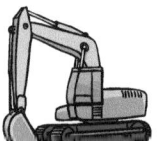

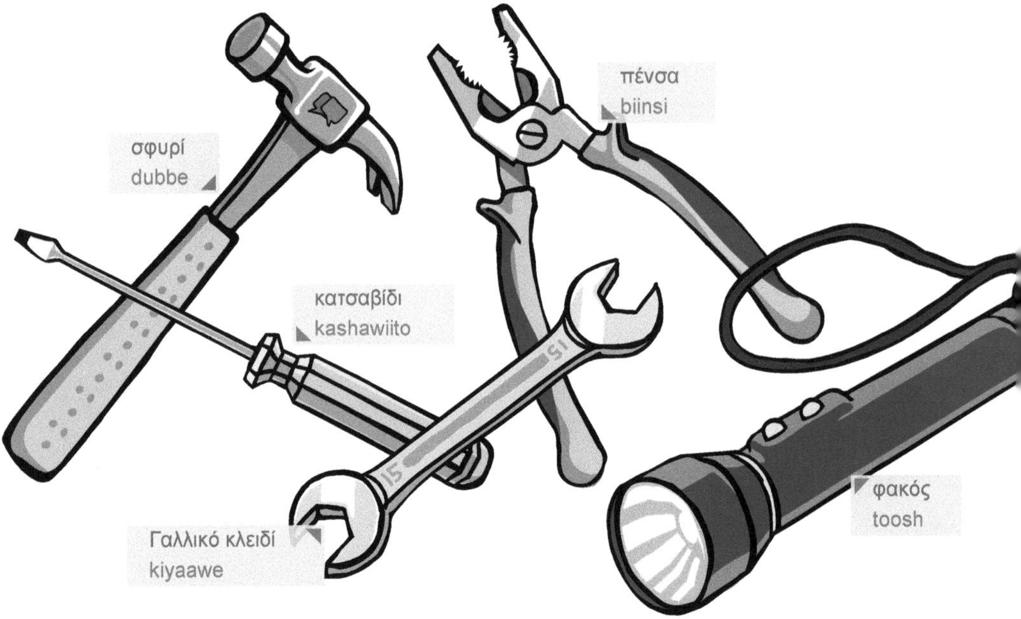
πένσα
biinsi
σφυρί
dubbe
κατσαβίδι
kashawiito
Γαλλικό κλειδί
kiyaawe
φακός
toosh

εκσκαφέας
dhul-qoddo

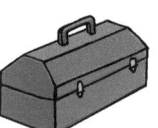

εργαλειοθήκη
qalab-xajiye

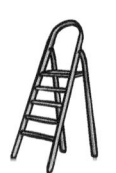

σκάλα
jaraanjaro

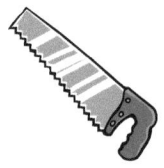

πριόνι
miinshaar

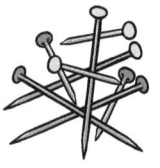

καρφιά
musbaarro

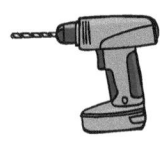

τρυπάνι
dalooliye

επισκευάζω
dayactir

φτυάρι
badiil

Να πάρει!
inkaar kugu dhacday!

φαράσι
bus-xaabiye

δοχείο χρωμάτων
gasacad rinji

βίδες
boolal

μουσικά όργανα
qalab muusiko

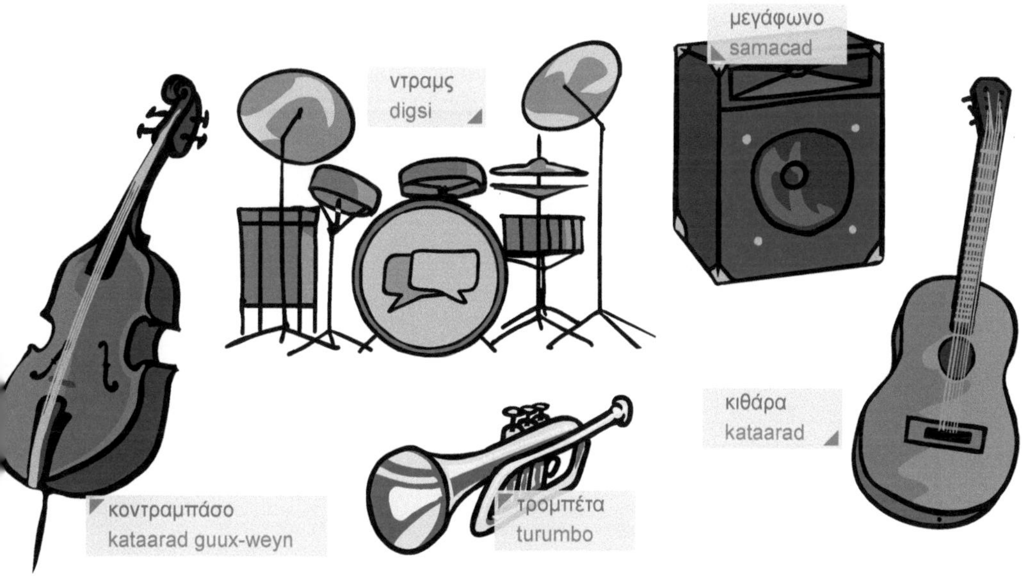

ντραμς
digsi

μεγάφωνο
samacad

κοντραμπάσο
kataarad guux-weyn

τρομπέτα
turumbo

κιθάρα
kataarad

πιάνο

biyaano

βιολί

fiyooliin

μπάσο

karaarad guux-dheer

τύμπανα

durbaan-sheegagle

τύμπανο

durbaan

πλήκτρα

loox-xarfeed-biyaano

σαξόφωνο

turumbo

φλάουτο

siin-baar

μικρόφωνο

makarafoon

ζωολογικός κήπος
beer-xayawaan

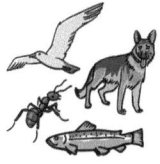

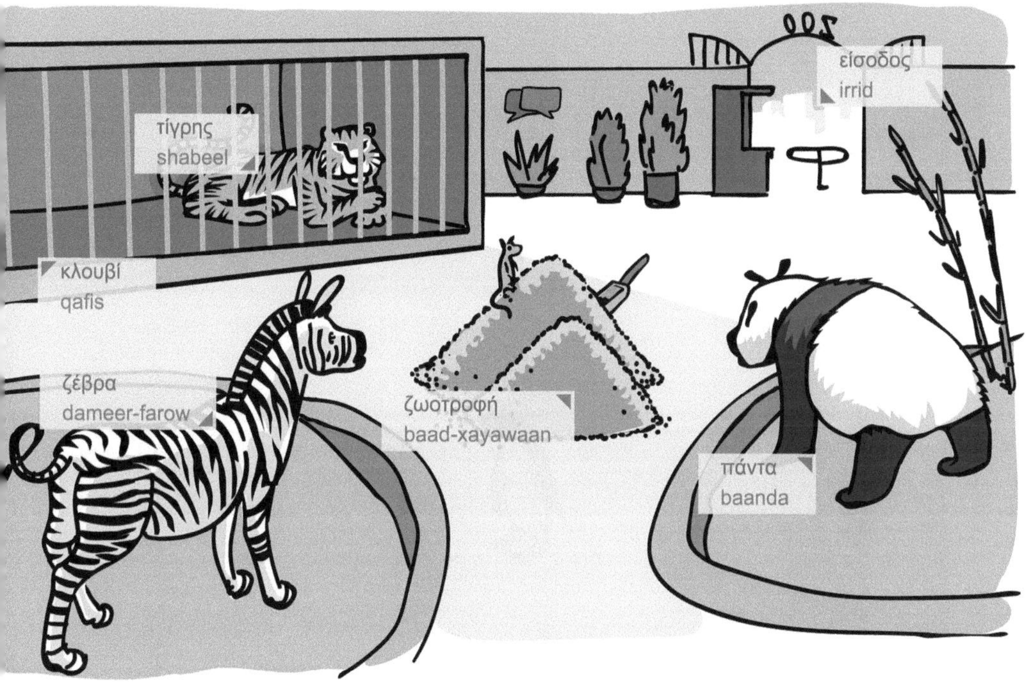

είσοδος
irrid
τίγρης
shabeel
κλουβί
qafis
ζέβρα
dameer-farow
ζωοτροφή
baad-xayawaan
πάντα
baanda

ζώα

xayawaan

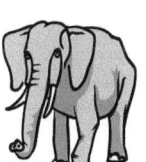

ελέφαντας

maroodi

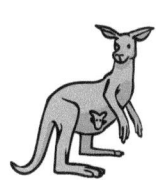

καγκουρό

kaangaruu

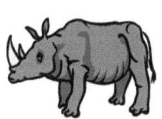

ρινόκερος

wiyil

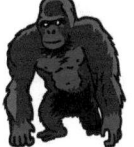

γορίλας

goriille

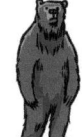

αρκούδα

oorso

καμήλα

geel

στρουθοκάμηλος

gorayo

λιοντάρι

libaax

πίθηκος

daanyeer

φλαμίνγκο

xiita-luga-dheer

παπαγάλος

baqbaqaa

πολική αρκούδα

oorso baraf-ku-nool

πιγκουίνος

shimbir baraf

καρχαρίας

libaax-badeed

παγώνι

daa'uus

φίδι

mas

κροκόδειλος

yaxaas

φύλακας ζωολογικού κήπου

beer-xayawaan ilaaliye

φώκια

bahal kalluun-cun

τζάγκουαρ

shabeel-u-eke

πόνυ

dhal faras

λεοπάρδαλη

harmacad

ιπποπόταμος

jeer

καμηλοπάρδαλη

geri

αετός

gorgor

αγριογούρουνο

doofaar-jilibeey

ψάρι

kalluun

χελώνα

qubo

θαλάσσιος ίππος

maroodi-badeed

αλεπού

dawaco

γαζέλα

deero

Αμερικάνικο ποδόσφαιρο
kubadda-cagta maraykanka

ποδηλασία
tartanka bashkuleetiga

αντισφαίριση
kubbadda miiska

μπάσκετ
kubbadda koleyga

κολύμβηση
dabaal

πυγχαμία
cayaarta feerka

χόκεϋ επί πάγου
hookiga barafka lagu dh

ποδόσφαιρο
kubadda cagta

μπάντμιντον
baadminton

στίβος
ciyaaraha fudud

χάντμπολ
kubadda gacanta

σκι
iskii/ciyaarta barafka

πόλο
cayaar-faras

δραστηριότητες
hawlo

γελάω
qosol
πηδάω
boodid
αγκαλιάζω
hab-siin
περπατάω
soco
τραγουδάω
hees
ονειρεύομαι
riyo
προσεύχομαι
duceyso
φιλάω
dhunkasho

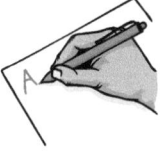

γράφω

qorraxeed

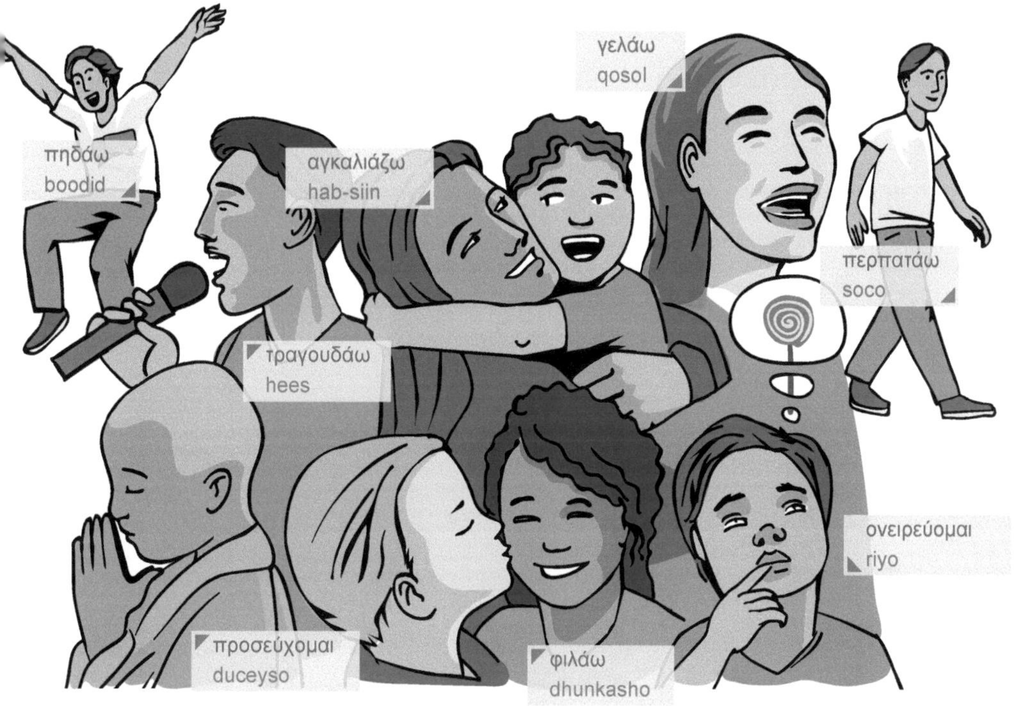

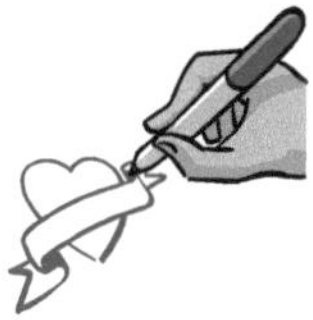

σχεδιάζω

masawirid

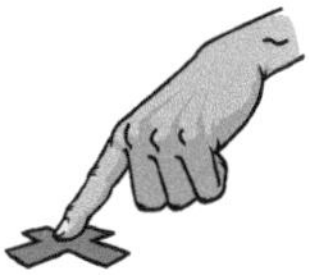

δείχνω

muuji

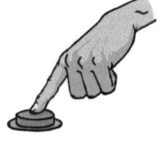

πιέζω

riix

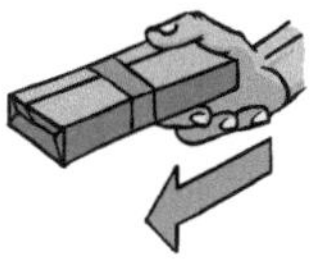

δίνω

sii

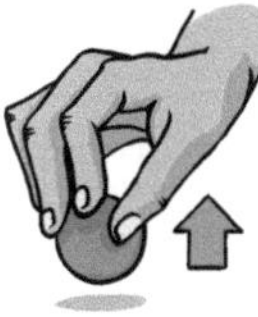

παίρνω

qaado

έχω
haysasho

κάνω
samee

είμαι
ahaansho

στέκομαι
istaag

τρέχω
orod

τραβάω
jiid

ρίχνω
tuur

πέφτω
dhicid

ξαπλώνω
been-sheegid

περιμένω
sug

κουβαλώ
qaad

κάθομαι
fariiso

φοράω
labiso

κοιμάμαι
seexo

ξυπνάω
toos

κοιτάω

fiiri

κλαίω

ooy

χαϊδεύω

dhuftay

χτενίζω

shanleyso

μιλάω

hadal

καταλαβαίνω

faham

ρωτάω

weydii

ακούω

dhageysasho

πίνω

cab

τρώω

cun

συγυρίζω

habee

αγαπάω

jacayl

μαγειρεύω

kari

οδηγώ

kaxee

πετάω

duulid

κάνω ιστιοπλοΐα

shiraaco

υπολογίζω

xisaabi

διαβάζω

akhri

μαθαίνω

barasho

δουλεύω

shaqee

παντρεύομαι

guurso

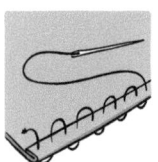

ράβω

tol

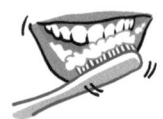

βουρτσίζω τα δόντια

cadayso

σκοτώνω

dilid

καπνίζω

sigaar cab

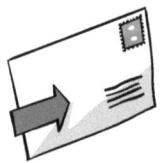

στέλνω

dir

οικογένεια

qoys

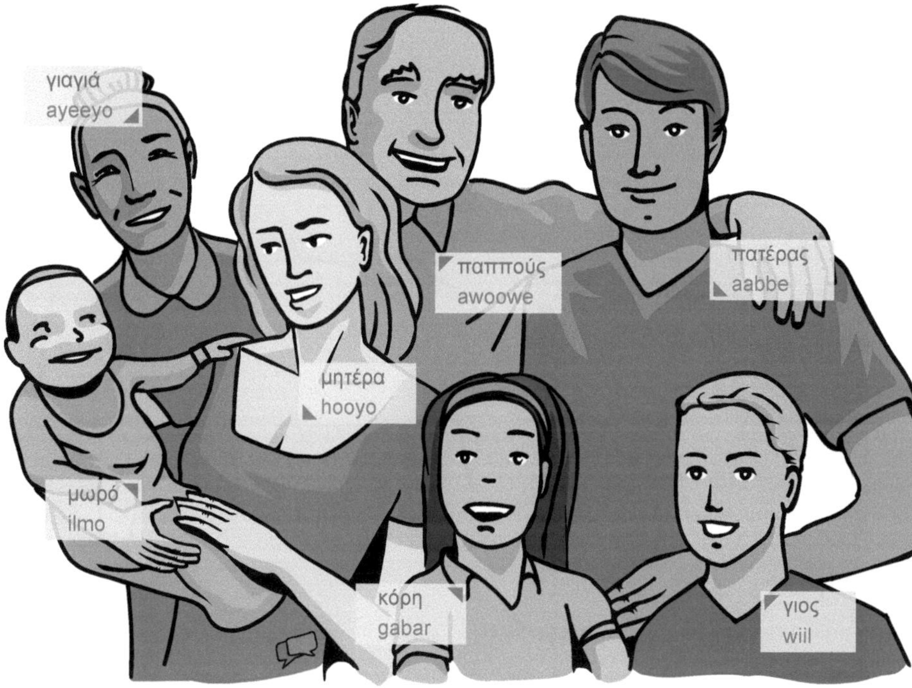

γιαγιά
ayeeyo
παππούς
awoowe
πατέρας
aabbe
μητέρα
hooyo
μωρό
ilmo
κόρη
gabar
γιος
wiil

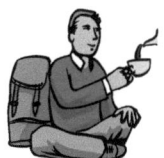

καλεσμένος

marti

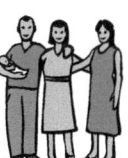

θεία

eeddo

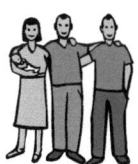

θείος

adeer

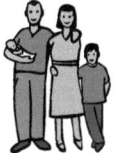

αδελφός

walaal rag

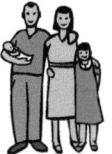

αδελφή

walaal dumar

σώμα

jir

μέτωπο
fool
μάτι
il
ώμος
garab
δάχτυλο
far
πρόσωπο
weji
πιγούνι
gar
χέρι
gacan
πόδι
lug
στήθος
naas
βραχίονας
cudud

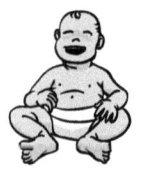

μωρό

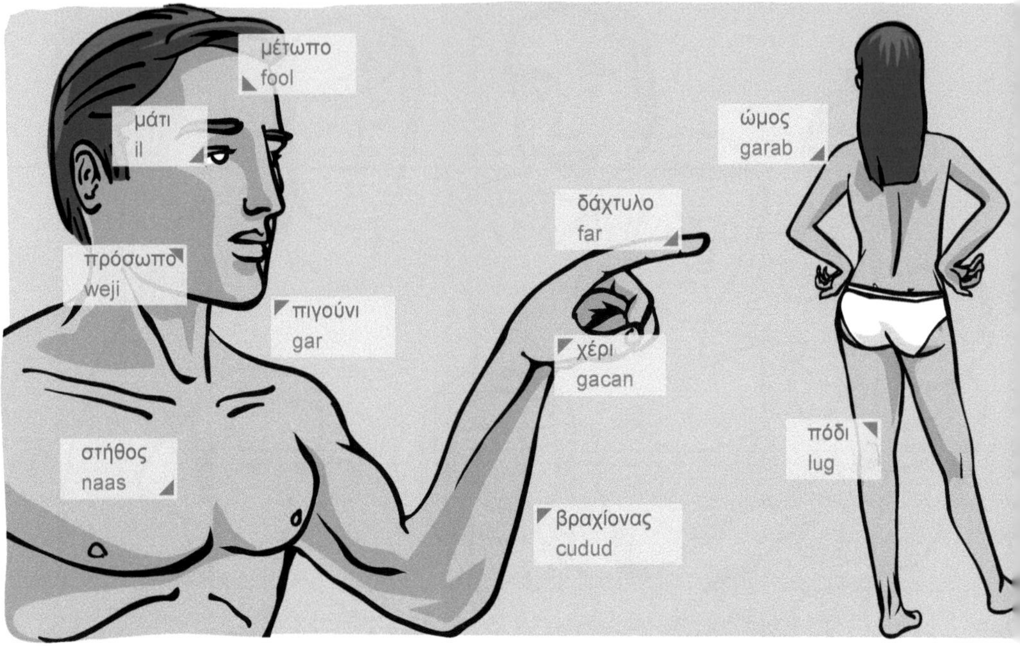

ilmo

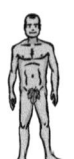

άνδρας

nin

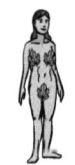

γυναίκα

naag

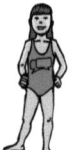

κορίτσι

gabar

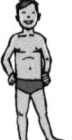

αγόρι

wiil

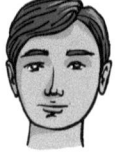

κεφάλι

madax

πλάτη
dhabar

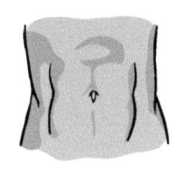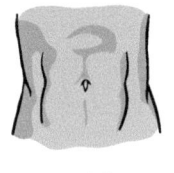

κοιλιά
calool

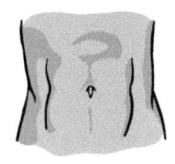

αφαλός
xuddun

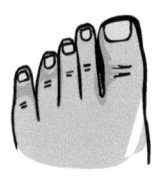

δάχτυλο ποδιού
suul

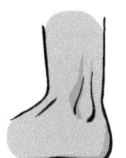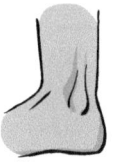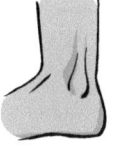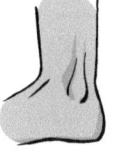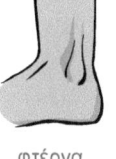

φτέρνα
cirib

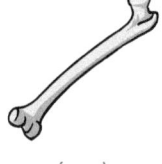

κόκκαλο
laf

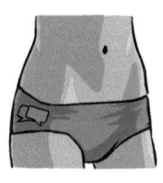

γοφός
sin

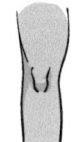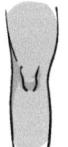

γόνατο
jilib

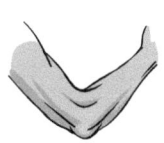

αγκώνας
xusul

μύτη
san

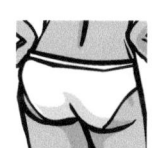

γλουτός
bari

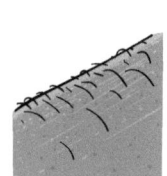

δέρμα
maqaar

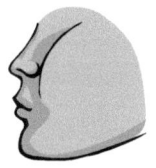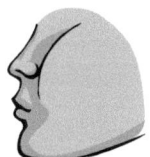

μάγουλο
dhafoor

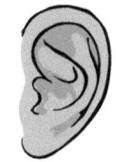

αυτί
dheg

χείλος
bishin

στόμα
af

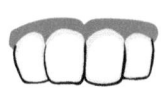

δόντι
ilig

γλώσσα
carrab

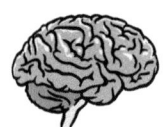

εγκέφαλος
maskax

καρδιά
wadno

μυς
muruq

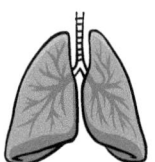

πνεύμονας
sambab

συκώτι
beer

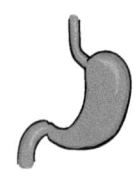

στομάχι
uur kujirta caloosha

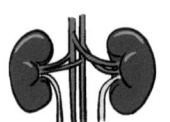

νεφρά
kelyo

σεξουαλική επαφή
galmo

προφυλακτικό
cinjir-galmo

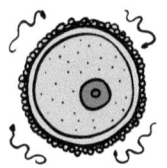

ωάριο
ugxan

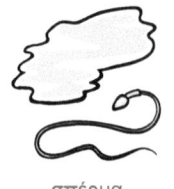

σπέρμα
shahwo

εγκυμοσύνη
uur

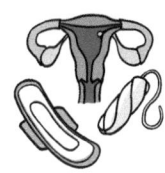

περίοδος

caado

γυναικείος κόλπος

siil

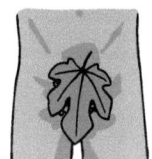

πέος

gus

φρύδι

suni

μαλλιά

timo

λαιμός

qoor

νοσοκομείο

isbitaal

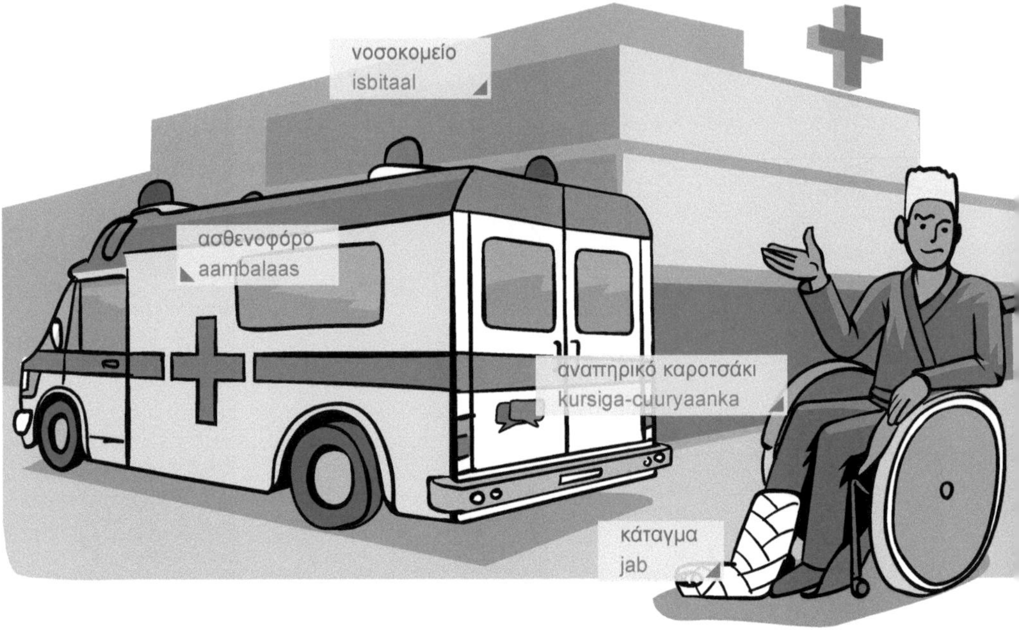

νοσοκομείο
isbitaal
ασθενοφόρο
aambalaas
αναπηρικό καροτσάκι
kursiga-cuuryaanka
κάταγμα
jab

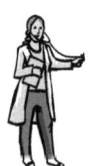

γιατρός

dhakhtar

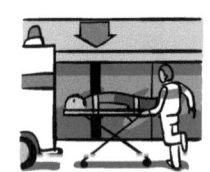

μονάδα εντατικής θεραπείας

qolka xaaladaha-degdega ah

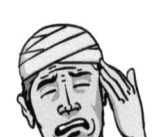

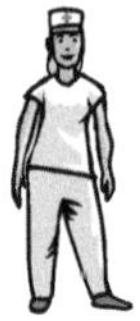

νοσοκόμα

kalkaaliye

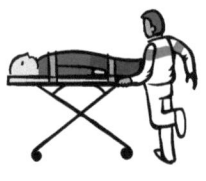

έκτακτη ανάγκη

xaalad deg-deg ah

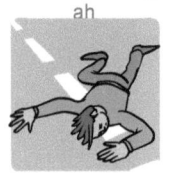

λιπόθυμος

miyir-beelsan

πόνος

xanuun

τραύμα
dhaawac

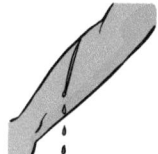

αιμορραγία
dhiig-bax

έμφραγμα
wadno-xanuun

εγκεφαλικό
qallal

αλλεργία
xasaasiyad

βήχας
qufac

πυρετός
qandho

γρίπη
hargab

διάρροια
shuban

πονοκέφαλος
madax-xanuun

καρκίνος
kansar

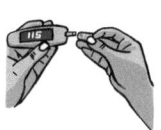

διαβήτης
cudurka sokoroow

χειρουργός
dhakhtarka-qalliinka

νυστέρι
mindida qalliinka

εγχείρηση
qalliin

αξονική τομογραφία

iskaan

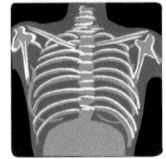

ακτινογραφία

raajo

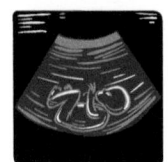

υπέρηχος

dhawaaq-xawaareed

μάσκα

maaskaro

ασθένεια

cudur sokoroow

αίθουσα αναμονής

qolka sugitaanka

πατερίτσα

ul lagu boodo

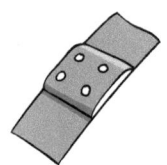

χάνσαπλαστ

kab

επίδεσμος

faashato

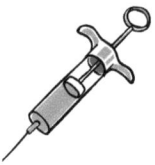

ένεση

duris

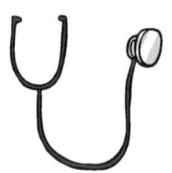

στηθοσκόπιο

wadne-dhegeyeste

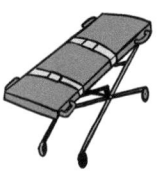

φορείο

balankiino

θερμόμετρο

heer-kul-beega qandhada

γέννηση

dhalasho

υπέρβαρο

aad-u-cayilan

ακουστικό βαρηκοΐας
maqal-caawiye

αντισηπτικό
jeermis-dile

λοίμωξη
caabuq

ιός
feyras

HIV/AIDS
AYDHIS/HIV

φάρμακο
daawo

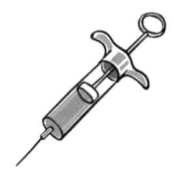

εμβολιασμός
tallaal

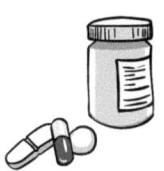

δισκία
kaniiniyo

χάπι
kaniin

κλήση έκτακτης ανάγκης
wicitaan deg-deg ah

πιεσόμετρο αίματος
cabbiraha dhiig-karka

άρρωστος / υγιής
xanuunsan / caafimaadsan

Βοήθεια!
i caawiya!

συναγερμός
sawaxan

βιαιοπραγία
weerar-kadisa ah

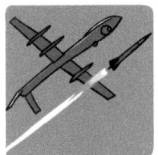

επίθεση
weerar

κίνδυνος
khatar

έξοδος κινδύνου
irridda bixida xaalad-deg-deg

Φωτιά!
dab!

πυροσβεστήρας
dab demiye

ατύχημα
shil

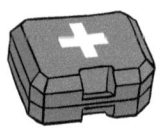

κουτί πρώτων βοηθειών
saduuqa xaalada-degdega ah

SOS
codsi badbaado

αστυνομία
booliis

Ευρώπη

Yurub

Βόρεια Αμερική

woqooyiga ameerika

Νότια Αμερική

koonfurta ameerika

Αφρική

Afrika

Ασία

Aasiya

Αυστραλία

Oostareeliya

Ατλαντικός Ωκεανός

Atlaantik

Ειρηνικός Ωκεανός

Pacific

Ινδικός Ωκεανός

Bad-waynta hindiya

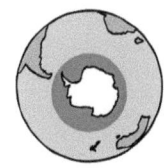

Ανταρκτικός Ωκεανός

Bad-waynta antarctica

Αρκτικός Ωκεανός

Bad-waynta arctic

Βόρειος Πόλος

cirifka waqooyi

Νότιος Πόλος

cirifka koonfureed

Ανταρκτική

Antarctica

Γη

dhul

γη

dhul

θάλασσα

bad

νησί

jasiirad

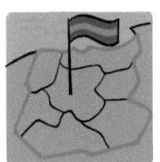

έθνος

waddan

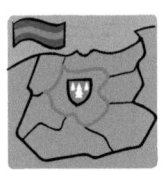

πολιτεία

gobol

καντράν ρολογιού

wajiga saacadda

ωροδείκτης

gacanka saacada

λεπτοδείκτης

gacanka daqiiqada

δείκτης δευτερολέπτων

gacanka ilbiriqsiga

Τι ώρα είναι;

waa intee saac?

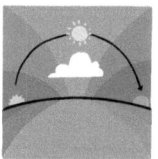

ημέρα

maalin

χρόνος

wakhti

τώρα

hadda

ψηφιακό ρολόι

saacadda jiifarrada

λεπτό

daqiiqad

ώρα

saacad

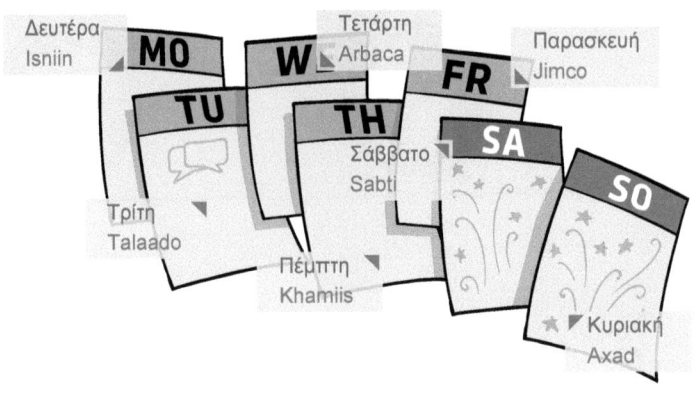

Δευτέρα
Isniin

Τετάρτη
Arbaca

Παρασκευή
Jimco

Τρίτη
Talaado

Σάββατο
Sabti

Πέμπτη
Khamiis

Κυριακή
Axad

χθες
shalay

σήμερα
maanta

αύριο
berri

πρωί
subax

μεσημέρι
duhur

βράδυ
casii

εργάσιμες ημέρες
maalmaha shaqo

Σαββατοκύριακο
dabayaaqada usbuuca

έτος
sanad

βροχή
roob
ουράνιο τόξο
qaanso-roobaad
χιόνι
roob-baraf
άνεμος
dabayl
άνοιξη
gu'
φθινόπωρο
deyr
καλοκαίρι
xagaa
χειμώνας
jiilaal

4.APRIL 11°
5.APRIL 4°
6.APRIL 13°
7.APRIL 8°
8.APRIL 10°

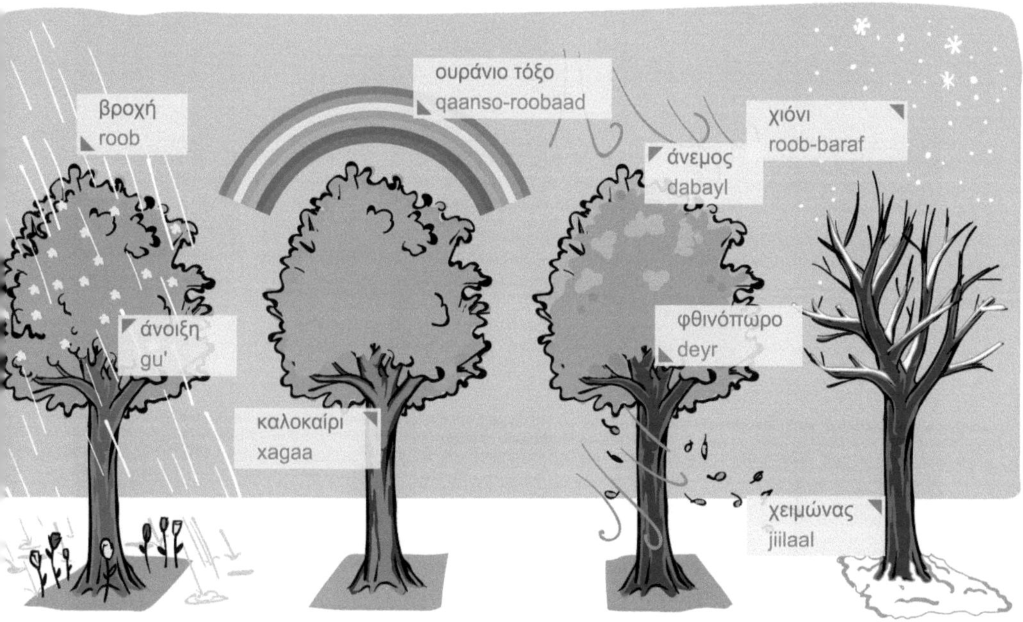

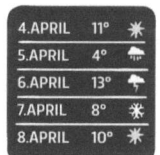

πρόγνωση καιρού

saadaal hawo

F C
120 90 60 30 0 -30
40 30 20 10 0 -10 -20

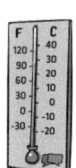

θερμόμετρο

heer-kul baare

λιακάδα

qorraxeed

σύννεφο

daruur

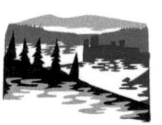

ομίχλη

ceeryaamo

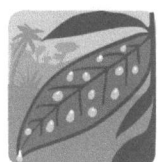

υγρασία

huur

αστραπή

jac

κεραυνός

onkod

καταιγίδα

duufaan

χαλάζι

roob-baraf

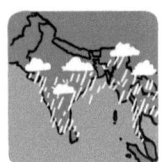

μουσώνας

maansuun

πλημμύρα

daad

πάγος

baraf

Ιανουάριος

Jannaayo

Φεβρουάριος

Febraayo

Μάρτιος

Maarso

Απρίλιος

Abriil

Μάιος

Mey

Ιούνιος

Juun

Ιούλιος

Luulyo

Αύγουστος

Agoosto

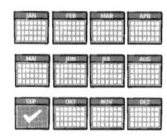

Σεπτέμβριος
....
Sebteember

Οκτώβριος
....
Oktoobar

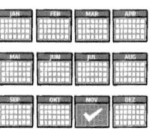

Νοέμβριος
....
Nofeember

Δεκέμβριος
....
Diseember

σχήματα
qaababka

κύκλος
....
goobaabo

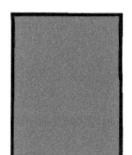

τετράγωνο
....
afar-gees

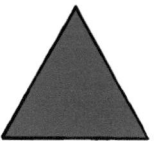

ορθογώνιο
παραλληλόγραμμο
leydi

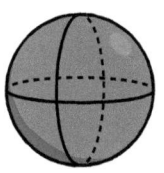

τρίγωνο
....
saddex-xagal

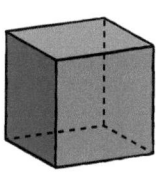

σφαίρα
....
wareeg

κύβος
....
bokis

άσπρο

caddaan

κίτρινο

hurdi

πορτοκαλί

oranji

ροζ

guduud-khafiif

κόκκινο

casaan

μωβ

carwaajis

μπλε

bluug

πράσινο

cagaar

καφέ

boroon

γκρι

cawl

μαύρο

madow

πολύ / λίγο
badan / yar

θυμωμένος / ήρεμος
caro / daganaan

όμορφος / άσχημος
qurxoon / foolxun

αρχή / τέλος
billow / dhammaad

μεγάλος / μικρός
yar / weyn

φωτεινός / σκοτεινός
iftiin / mugdi

αδελφός / αδελφή
walaalkaa / walaashaa

καθαρός / λερωμένος
nadiif / wasakhaysan

πλήρης / ατελής
buuxa / dhantaalan

ημέρα / νύχτα
maalin / habeen

νεκρός / ζωντανός
dhintay / nool

φαρδύς / στενός
ballaaran / ciriiri ah

βρώσιμος / μη βρώσιμος

la cuni karo / aan la cuni karin

κακός / ευγενικός

arxan-daran / naxariis-badan

ενθουσιασμένος / βαριεστημένος

faraxsan / caajisan

παχύς / λεπτός

buuran / caateysan

πρώτος / τελευταίος

ugu horeeya / ugu dambeeya

φίλος / εχθρός

saaxiib / cadaw

γεμάτος / άδειος

maran / buuxa.

σκληρός / μαλακός

adag / jilicsan

βαρύς / ελαφρύς

culus / fudud

πείνα / δίψα

gaajo / oon

άρρωστος / υγιής

xanuunsan / caafimaadsan

παράνομος / νόμιμος

sharci-darro / sharci

έξυπνος / χαζός

caaqil / dabbaal

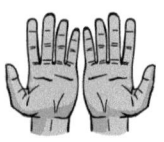

αριστερός / δεξιός

bidix / midig

κοντινός / μακρινός

dhow / fog

καινούριος /
μεταχειρισμένος
cusub / duug

τίποτα / κάτι
waxba / wax

γέρος | νέος
da' / dhalinyar

αναμμένος / σβηστός
daaris / damin

ανοιχτός / κλειστός
furan / xiran

χαμηλόφωνος /
μεγαλόφωνος
aamusnaan / cod-dheer

πλούσιος / φτωχός
taajir / sabool

σωστός / λανθασμένος
sax / khalad

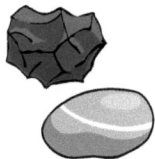

τραχύς / λείος
jilif leh / sabiibax

λυπημένος / χαρούμενος
murugsan / faraxsan

κοντός / μακρύς
gaaban / dheer

αργός / γρήγορος
tartiib / dhaqsi

υγρός / στεγνός
qoyaan / qalleyl

ζεστός / δροσερός
qandac / qabow

πόλεμος / ειρήνη
dagaal / nabad

0	**1**	**2**
μηδέν	ένα	δύο
eber	kow	laba

3	**4**	**5**
τρία	τέσσερα	πέντε
saddex	afar	shan

6	**7**	**8**
έξι	εφτά	οκτώ
lix	toddoba	sideed

9	**10**	**11**
εννιά	δέκα	έντεκα
sagaal	toban	kow iyo toban

12	**13**	**14**
δώδεκα	δεκατρία	δεκατέσσερα
laba iyo toban	sadex iyo toban	afar iyo toban

15	**16**	**17**
δεκαπέντε	δεκαέξι	δεκαεφτά
shan iyo toban	lix iyo toban	todoba iyo toban

18	**19**	**20**
δεκαοκτώ	δεκαεννέα	είκοσι
sideed iyo toban	sagaal iyo toban	labaatan

100	**1.000**	**1.000.000**
εκατό	χίλια	εκατομμύριο
boqol	kun	malyuun

Αγγλικά

Af ingiriis

Αμερικάνικα Αγγλικά

Ingiriiska Mareykanka

Μανδαρίνικα Κινέζικα

Mandariinka Shiinaha

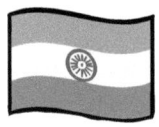

Χίντι

Hindi

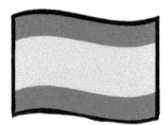

Ισπανικά

Boortaqiis

Γαλλικά

Faransiis

Αραβικά

Carabi

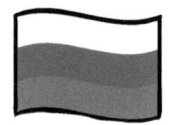

Ρώσικα

Ruush

Πορτογαλικά

Boortaqiis

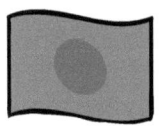

Μπενγκάλι

Bengaali

Γερμανικά

Jarmal

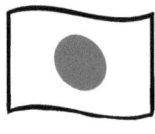

Ιαπωνικά

Jabaaniis

εγώ

aniga

εσύ

adiga

αυτός / αυτή / αυτό

asaga / ayada

εμείς

annaga

εσείς

idinka

αυτοί / αυτές / αυτά

ayaga

ποιος / ποια / ποιο;

kee?

τι;

maxay?

πώς;

sidee?

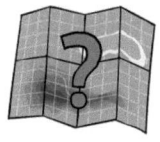

πού;

xagee?

πότε;

goorma?

όνομα

magac

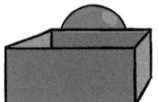

πίσω

gadaal

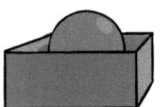

μέσα

gudaha

μπροστά

horta

πάνω από

ka sare

πάνω

dusha

κάτω

ka hooseeya

δίπλα

dhinac

ανάμεσα

u dhexeeya

μέρος

meel